掛布雅之

阪神・四番の条件

タイガースはなぜ優勝できないのか

GS
幻冬舎新書
640

はじめに

２０２１年のペナントレースで、阪神タイガースは開幕ダッシュを果たした。６月18日の時点では61試合40勝19敗2引き分けの貯金21で、２位に7ゲーム差をつけていた。しかし、最終１４３試合目に敗れ、77勝56敗10引き分け、貯金21。それでもヤクルトの後塵を拝す結果となった。２００５年以来、16年ぶりに優勝の美酒に酔うはずの盃は、掌中から滑り落ちた。実に残念なシーズンであった。

なぜ、阪神は優勝を逃したのか。大きな原因として挙げられるのは、「4年連続リーグ最多エラー」や「真の四番打者不在」といったことである。

とくに、いまのセ・リーグで「四番の顔」が見えるのが、ヤクルトの村上宗隆、巨人の岡本和真、広島の鈴木誠也と３チームあるのに、阪神は不動の四番が不在だった。

２０１６年から2年間タイガースの二軍監督を務めた僕が、四番打者を育て切れなかった歯がゆさもたしかにある。本書では２０２１年シーズンの敗因を分析するとともに、チームの中核を担う四番打者とは何か、なぜ次なる「ミスター・タイガース」が育たないのか、そしてライバル巨人との違いについて、過去の強打者や他球団の四番を振り返りながら考えてみようと思う。

また、大型新人・佐藤輝明はどこがどうすごいのか、後半戦不調の原因はなんだったのか、「5代目ミスター・タイガース」への可能性など、僕自身の経験にも鑑み、その実力に迫ってみたい。

すべては愛する阪神タイガースのため。少々の辛口はお許し願いたい。

なお、「ミスター・タイガース」について、あらためて見つめ直す機会をくれた幻冬舎の小林駿介氏、豊富なデータで問いかけてくれた野球ライターの飯尾哲司氏にこの場を借りてお礼を申し上げる。

阪神・四番の条件／目次

図版・DTP　美創
取材・構成　飯尾哲司

第1章

なぜ優勝できなかったのか

矢野監督、勝負の3年目

阪神タイガースの矢野燿大監督は2019年3位、20年2位と好結果を出した。阪神の新人監督が勝率5割以上でAクラスに入るのは、1982年の安藤統男監督以来37年ぶりだった。

矢野監督にとって、2021年は勝負の3年目だ。セ・リーグの他球団に目を移すと、巨人は15シーズン目でリーグ優勝9度・日本一3度で大監督の域に達した原辰徳監督が3度目のリーグ3連覇を狙う。

三塁手出身の原監督と捕手出身の矢野監督以外の4球団は、与田剛（中日）、佐々岡真司（広島）、高津臣吾（ヤクルト）、三浦大輔（DeNA）と投手出身の監督が顔をそろえた。

2021年の阪神の特徴は、新人の積極的起用だ。本塁打を量産する佐藤輝明（近大、ドラフト1位）への注目は、チームへの波及効果をもたらした。ショートには中野拓夢（東北福祉大→三菱自動車岡崎、ドラフト6位）を起用。先発ローテーションには伊藤将司（国際武道大→JR東日本、ドラフト2位）を組み込んだ。

2021年に開催された東京オリンピックには、先発の青柳晃洋、中継ぎの岩崎優、捕手の梅野隆太郎が選ばれ、日本は稲葉篤紀監督のもと、野球が公開競技だった1984年のロサンゼルスオリンピック以来、正式種目になって初の金メダルを獲得した。

ヤクルト相手に3連勝で開幕ダッシュ

2021年のペナントレースを総括するにあたって、タイガースの印象深い試合を振り返ってみよう。

まず、ヤクルトを相手に開幕3連勝。思えば2020年の阪神は巨人を相手に開幕3連敗を喫し、巨人を走らせてしまった。2021年は阪神が勢いづくためにも、2勝1敗ではなく、3連勝したことが大きかった。開幕戦で2本塁打したサンズの活躍は見事だった。

開幕投手はプロ9年目にして初の栄誉に浴した藤浪晋太郎。2019年に阪神にFA

3月26日 ヤクルト―阪神 1回戦(神宮)

阪　神	0	1	0	1	0	1	0	1	0	4
ヤクルト	0	1	0	0	1	0	1	0	0	3

○=加冶屋1勝0敗　●=清水0勝1敗
S =スアレス1　本=サンズ1号(小川)、サンズ2号(清水)

開幕投手はプロ9年目の藤浪晋太郎。同点の8回二死、2020年最優秀中継ぎ投手賞・清水昇からサンズが決勝弾。岩貞祐太―石井大智―加冶屋蓮―岩崎優―スアレスの小刻み継投で勝利。

移籍し、2年連続2ケタ勝利をマークした西勇輝の故障があったとはいえ、「開幕投手・藤浪」はグッドアイディアだった。願わくは年間を通して先発ローテーションを守れれば言うことなしだったのだが……。

開幕ダッシュを果たした阪神は、セ・パ交流戦を6連勝で終えたあと6月18日の巨人戦に勝利し、両リーグ最速の40勝到達。2位・ヤクルトに7ゲーム差、3位・巨人に8ゲーム差をつけた。しかし、その時点で21あった貯金は、前半戦終了時にもまだ15残っていたとはいえ、2位・巨人に2ゲーム差まで詰め寄られていた。

東京オリンピックのため7月18日から中断したペナントレースは、8月13日から後半戦に突入。首位陥落のピンチを実に13度も持ちこたえたが、8月29日の広島戦に敗れ、一気に3位まで順位を落としてしまった。

巨人に引導を渡した9月3日からの3連戦

その後、優勝を左右するターニングポイントはいくつかあった。9月3日から、当面の敵である巨人を甲子園で迎えた3連戦。逆転、逆転、引き分けの2勝1引き分けで終え、巨人に1・5ゲーム差をつけた。

初戦は7回裏、大山悠輔の2点二塁打で同点とすると、プロ初の一番に起用された新人の中野拓夢が左腕・大江竜聖の内角高めボール球スライダーを打ち、走者一掃の勝ち越しの3点三塁打とした。

2戦目は、大山が守護神・ビエイラから逆転サヨナラ2ラン。これには興奮した。巨人の四番・岡本和真が本塁打を打ったあとだけに、七番に降格していた大山には名誉挽回の意義深い一発だった。

3戦目は0－6から追いついて引き分けに持ち込んだ。この試合の原監督は見切りが早く、東京オリンピック以来フル稼働だった坂本勇人を5回で交代させてしまっていた。

9月4日 阪神―巨人 17回戦（甲子園）

巨人	0	0	0	1	0	2	0	0	0	3
阪神	0	0	0	0	2	0	0	0	2x	4

○=岩貞4勝0敗　●=ビエイラ0勝1敗
本=梅野3号（2ラン=髙橋）、岡本和34号（2ラン=ガンケル）、
大山15号（2ラン=ビエイラ）

巨人・髙橋優貴6回2失点、阪神・ガンケル6回3失点と先発の役割を果たす。試合は終盤戦に突入。巨人は日本最速166キロ守護神・ビエイラを投入したが、内角156キロを七番・大山悠輔がサヨナラ弾。阪神は首位を奪回した。

代わった若林晃弘と廣岡大志のエラーから失点。ベテラン・糸井嘉男が代打で意地の同点二塁打を放った。巨人からすれば、この3連戦が2021年のすべてだった。

以後、巨人はチームのバランスが崩れ、一気に下り坂を転がり落ちることになる。3度目のリーグ3連覇を狙った原・巨人に結果的に引導を渡すきっかけとなった。あらためて野球の難しさ、怖さを感じた3連戦だったといっても過言ではないだろう。

ヤクルトとの天下分け目の首位攻防戦

阪神と巨人が死闘を演じている間の「漁夫の利」ではないが、ヤクルトは9月15日から引き分けを挟んで9連勝し、9月22日に残り30試合で初めて首位に躍り出た。さらに10月1日から6連勝と波に乗った。

10月8日 ヤクルト ― 阪神 21回戦（神宮）

阪　神	0	0	0	1	0	0	0	0	0	1
ヤクルト	1	1	0	0	2	0	0	0	X	4

○＝奥川9勝3敗　●＝髙橋3勝2敗
本＝西浦5号（髙橋）、大山21号（奥川）

阪神130試合目、2ゲーム差で首位・ヤクルトとの天下分け目の一戦。2戦連続完封の髙橋遥人、急成長の2年目・奥川恭伸と「最終盤のエース」同士の対決。ヤクルトは1回に四番・村上宗隆の二塁打、2回に西浦直亨の本塁打で2点。阪神は四番・大山の一発だけだった。

10月8日からの阪神ーヤクルト首位攻防戦が、いま思えば「天下分け目の3連戦」ではなかったか。

10月8日の初戦。2試合連続完封勝利の救世主・髙橋遥人が中5日で初戦に先発したものの、5回4失点と打ち込まれてしまった。

1回裏、ヤクルトは四番・村上宗隆のタイムリーで貴重な先制点を奪った。2回には伏兵・西浦直亨の本塁打で加点。阪神は四番・大山の21号ソロ本塁打のみで、1ー4と痛恨の敗戦。ヤクルトに優勝マジック11が初めて点灯した。すなわち、阪神の自力優勝が消えたということである。

10月2日の中日戦で髙橋が97球で完封したものだから、8日のヤクルト戦は中5日で先発させた。ヤクルトとの直

2021年9月以降の登板日程

高橋遥人（阪神）

	●	9月9日	ヤクルト戦	4回6失点	3奪三振	1四球
（中8日）	○	9月18日	中日戦	7回無失点	10奪三振	0四球
（中6日）	○	9月25日	巨人戦	9回無失点	13奪三振	1四球
（中6日）	○	10月2日	中日戦	9回無失点	7奪三振	0四球
（中5日）	**●**	**10月8日**	**ヤクルト戦**	**5回4失点**	**2奪三振**	**0四球**
（中5日）		10月14日	巨人戦	7回無失点	11奪三振	3四球
（中6日）	○	10月21日	中日戦	8回無失点	9奪三振	0四球

奥川恭伸（ヤクルト）

（中10日）	○	9月7日	阪神戦	7回無失点	8奪三振	0四球
（中9日）	○	9月17日	巨人戦	7回1失点	5奪三振	1四球
（中10日）	○	9月28日	DeNA戦	6回無失点	4奪三振	0四球
（中9日）	**○**	**10月8日**	**阪神戦**	**7回1失点**	**2奪三振**	**1四球**
（中10日）	●	10月19日	阪神戦	4回5失点	5奪三振	1四球

接対決で勝たなければいけない気持ちはわかるが、高橋を中5日でいかせて負けたのはとても大きかった。

結果論かもしれないが、高橋の先発登板間隔が中5日のときに失点、与四球が多いことを考えると、先発ローテーションを組み替えて対ヤクルト戦中心ではなく、中6日にして、高橋が投げる試合を絶対取りにいく形のほうがよかったのではないか。これもベンチの中でなくてはわからない事情だが……。

その反面、ヤクルト・高津監督は、ローテーションにそこまでメスを入れていない。9月26日に先発投手の登板間隔を初めて中5日に詰めたが、高橋と同様、ヤクルトのキーパーソン的存在だった高卒プロ2年目の奥川恭伸は、登板日をきっちりと空けて投げている。

天王山2戦目の10月9日は、大山の先制打の1点を、先発・秋山拓巳が同点で5回まで持ちこたえた。途中出場の島田海吏の打球が一塁ベース直撃の幸運な勝ち越し打となる。「8回の男」岩崎を7回から、スアレスを8回途中からと今季初の「イニングまたぎ」でヤクルトに2－1と競り勝った。梅野に代わる先発マスク・坂本誠志郎のリードも冴えていた。

10月10日の3戦目は、中野の2点タイムリーなどで一時は逆転したものの、同点からの6回に塩見泰隆・山田哲人の連続タイムリー。4－6で敗戦となった。ヤクルトの得点打は6本とも初球ストライク狙いだった。これで首位・ヤクルトとは3ゲーム差になった。

2戦目の捕手は坂本、3戦目の捕手は梅野だった。坂本は控えめで、梅野は前に出ていくタイプだ。どちらがいいというわけではないが、たとえば投手が完封した場合、

「ナイスピッチング」と言われるのが坂本で、「ナイスリード」と言われるのが梅野ではないだろうか。このあたりは、矢野監督がチームの雰囲気を読んだ、捕手出身監督らしい起用法だった。

ペナントレース最終盤の直接対決2連戦。10月19日は青柳と奥川が先発し、青柳が勝利。20日はガンケルと高橋奎二が投げ合って引き分けた。

ヤクルトの先発左腕・高橋も、9月9日阪神戦、9月18日巨人戦、9月25日中日戦、10月9日阪神戦、10月20日阪神戦と、きっちり登板間隔を空けている。

阪神は形を変えたが、ヤクルトはキーパーソンの形を変えなかった。

僕はこの2連戦、阪神が連勝して初めて3：7くらいで優勝の可能性が出てくるかと思ったが、結果は1勝1引き分けだった。

ヤクルトが10月19日から23日まで引き分けを挟んで3連敗を喫し、阪神とのゲーム差がなくなった。阪神が残り2試合、ヤクルトが残り4試合でマジック3。24日・26日と「阪神2勝、ヤクルト2敗」の場合、阪神はマジック点灯なしで26日の最終143試合

2021年 セ・リーグ最終成績

	勝利	敗北	引き分け	勝率	差	監督
ヤクルト	73	52	18	.584	—	高津臣吾
阪神	77	56	10	.579	—	矢野燿大
巨人	61	62	20	.496	11.0	原 辰徳
広島	63	68	12	.481	13.0	佐々岡真司
中日	55	71	17	.437	18.5	与田 剛
DeNA	54	73	16	.425	20.0	三浦大輔

目で逆転優勝というところまで粘った。しかし、最終26日に敗れ、ヤクルトが優勝を決めた。

実に惜しい2021年のペナントレースだった。

阪神とヤクルトの明暗を分けた打線

2年連続最下位のヤクルトがここまで出てくると予想した解説者は皆無だった。

過去、前年最下位からの優勝には、1960年の三原・大洋、75年のルーツ・広島、76年の長嶋・巨人、2001年の梨田・近鉄、15年の真中・ヤクルトがある。ヤクルトは2015年も2年連続最下位からの優勝だったが、その再来だ。

開幕直前、近未来のスター候補生・廣岡大志を巨人に放出してまで田口麗斗を獲得した。それくらい投手の駒不足は深刻だったのだ。

それが終盤になって、投手陣が非常に整ってきた。高梨裕稔、原樹理、高橋奎二、奥川恭伸が先発投手で調子を上げ、阪神・スアレスの兄、アルバートもいる。エース・小川泰弘とベテラン・石川雅規を中心に、7回は楽天から移籍の今野龍太、8回は50ホールドをマークした清水昇、9回は東京オリンピックでアメリカ代表として登板した守護神・マクガフという救援陣への継投策。リリーフ出身の高津監督らしく、4連投はさせない試合終盤の投手陣のやりくりは見事だった。

その投手陣を得点力豊富な強力打線がカバーした。阪神との大きな差は、打線だ。

打順別に比較していこう。一番打者は近本光司と塩見泰隆が甲乙つけがたい。

二番は2021年に限っては中野拓夢のほうが素晴らしい。しかし、自身初の優勝に向けてチームをまとめたことは、日本球界12年目の青木宣親の功績といえるだろう。

三番はポイントゲッターのマルテと山田哲人。

四番は、大山悠輔がリーグ最多タイの15決勝打を放ったものの、39本塁打112打点

阪神・ヤクルトの打線比較

	阪神		ヤクルト
	13勝	(4引き分け)	8勝
打率	.247		.254
本塁打	121		142
得点	541		625
盗塁	114		70
1	(中)近本光司		(中)塩見泰隆
2	(遊)中野拓夢		(左)青木宣親
3	(一)マルテ		(二)山田哲人
4	(三)大山悠輔		(三)村上宗隆
5	(左)サンズ		(右)サンタナ
6	(右)佐藤輝明		(捕)中村悠平
7	(捕)梅野隆太郎		(一)オスナ
8	(二)糸原健斗		(遊)西浦直亨

の村上宗隆が大きく上回る。

ヤクルトはサンタナ、オスナの両外国人選手が意外と勝負強かった。

いろいろなバランスを考えると、ヤクルト打線のほうがやはり上だ。それらを考えると、後半ヤクルトが頭ひとつリードした原動力は得点力、打線であった。

「阪神20発カルテット」と呼ばれたが、ペナントレース終盤に試合に出ていたのは大山とマルテだけ。サンズは10月2日に二軍に落ち、佐藤輝明はベンチを温めていたから、実質的には「20発コンビ」だった。カルテットが機能しなければ強力ヤクルト打線にかなわない。

サンズ失速の原因

矢野監督の就任以来、3位・2位ときて、2021年は「挑・超・頂 ―挑む 超える頂へ―」のスローガンのもと、強い決意で16年ぶりのペナントをつかみにいった。

過去のオリンピック開催年の阪神は、前半戦を快調に飛ばしながら中断を挟んで調子を落としてしまった2008年の例がある。同じ轍を踏まないように注意を払っていたのは想像に難くない。

しかしサンズにしても佐藤にしても、前半戦あれだけ打っていたのに、後半戦あそこまで調子が落ちた。普通では考えられないことだ。なぜ打てなくなったか、原因が絶対にあるはずだ。

チーム内では、それがわかっていると思う。状態を崩す原因は「技術面」、ケガを含めた「体調面」と「精神面」、この3つの要素しかない。僕も二軍監督を経験しているので、チーム内部にしかわからない事情があるのも承知している。

サンズは東京オリンピック期間中に帰国した。チーム事情はあるにせよ、優勝争いをしているチームの選手が、後半戦スタート時に戻ってきていなかったのは、いかがなものか。

サンズは120試合に出場してチーム4位の20本塁打、チーム3位の65打点を叩き出していた。それが9月は打率・154、4打点の本塁打なし。大詰めの残り19試合になって二軍に落とさざるをえなかった。前年も後半に調子を落としたが、日本野球の経験を踏まえてシーズンを過ごしてきたはずだ。調子が上がらないからといって、ファームで調整すればいいというものでもないだろう。

佐藤輝明を二軍に落とす必要はあったのか

佐藤にしても、前半戦で23本塁打もマークし、3週間の中断期間に再分析されたとはいえ、それは誰もが乗り越えなければならないものだ。その3週間は休養期間ではないが、体調を整えることはできたはずなのだ。佐藤は後半戦、野手ワーストとなる59打席連続ノーヒットを記録した。ファームで調整し、一軍昇格後も下半身の粘りは戻らなかった。土台がしっかりしていないので、上半身だけで打ちにいっても振り切れないのだ。

新人が初めての長い1年間のプロ野球シーズンを乗り切るのは、相当きついと思う。しかし、同じ新人の牧秀悟（DeNA）は、打率3割20本塁打、サイクルヒット、新人二塁打記録とさらなるパワーアップを遂げた。

一発の本塁打であれだけ球場の雰囲気を変えられる、佐藤のようなバッターはそうそういない。ならば二軍に落とさず、一軍に帯同させながらバランスを整える方策もあったのではないかと感じた。

たしかに一軍に置いておくと、「使わなければいけない」という難しさがある。佐藤を代打で使うために、代打専門職の選手の仕事を奪うことにもなりかねない。ただ、佐藤は代打で結果を残せるタイプの打者ではない。

一軍昇格後の佐藤のバッティングを見ていると、ファームでの調整はなんだったんだろうと正直思ってしまう。戦力にならないのであれば、もっといい形になるまでずっとファームに置いておいてもよかったわけだ。

佐藤をファームで調整させたことが間違いだとか、正しかったとか言うつもりは毛頭ない。ただ大事なのは、ファームでの10日間をどういう形で過ごしたのかだ。僕はファームで「精神面」をリフレッシュさせる必要はないと考えるタイプだ。そこに逃げ場を作ってはダメだと思う。

不調の原因を矢野監督と平田勝男二軍監督がしっかり共有して、佐藤を一軍に再昇格させるのは、「どういう状態で、どのタイミングで」という基準があったのか。もちろん、何度も繰り返すように内部にしかわからない事情もあるだろう。

一軍が金本知憲監督、僕が二軍監督の時代は、こんなふうだった。

「金本監督、このバッターの特長を生かすために、こういうバッティング練習をさせたいのですが……」「掛布さん、もう自由にしてください。お任せします」

「では、こういう状態になったら連絡します」

振り返れば、2015年ドラフト1位の髙山俊は入団時に右手を骨折していた。だから春のキャンプは二軍スタート。結果的に、それが髙山にとってよかった。

屋外での打撃練習はさせずに、室内練習場でティーバッティング、ロングティー中心の基礎練習に徹した。かなりの数を振り込ませ、ある程度の形が整って「これならもう大丈夫だな」となった。

「髙山、いい感じになってきてるよ。手首は大丈夫なの？」

「これだけ振り込んでも、まったく心配ありません」

「じゃあ明日、外で打ってみるか」

打ちたくてたまらないわけだから、真綿が水を吸うように、素晴らしいバッティングを僕に披露してくれた。

金本監督には、「髙山はホームラン10本程度でも、ヒットを量産するタイプです。自由に打たせてやってください。見たら納得すると思います」と伝えた。その年、髙山は新人王を獲得したのだ。

２０１６年のドラフト1位、大山悠輔のときもそうだった。

「体重を何キロ増やしてほしい。筋肉量をこれぐらいに増やしてほしい。こういう形でバッティング練習をさせてください。ドラフト1位なので、シーズン終盤には一軍で起用したい。いろいろ注文が多くてすみませんが、掛布さん、よろしくお願いします」

「金本監督、わかりました。都度報告しましょう」

3か月間の「大山育成計画」を、トレーニングコーチを含めて実行した。大山も大山で、プロジェクトを順調にクリアして、シーズン終盤どころか前半戦のうちに一軍昇格を果たした。

このように、一軍・二軍監督で共有できるものがあった。

矢野監督と平田二軍監督がそうでないというわけではない。僕が言わんとすることは、明確な目標を立てることが、選手育成のうえでとても大切になるということだ。

サンズと佐藤の2人は、2021年の前半戦快進撃の立役者だ。後半戦は29勝23敗7引き分け。阪神のV逸は失速とは言い切れないが、ヤクルトに上へ行かれたひとつの原因である2人の極端な打撃不振の究明がチーム内でなされていたのか。

2021年はコロナ禍で、僕はチーム関係者やマスコミ陣と詳細な情報交換をする機会が十分に持てなかった。だからチームがどう考えていたかは気になるところなのだ。

幻となったスアレスのMVP

13勝6敗で、最多勝と最優秀勝率のタイトルを獲得した青柳晃洋。阪神移籍後2年連続2ケタ勝利だった西勇輝は、2021年の勝ち星は1ケタで負け越してしまった。プロ12年目の秋山拓巳と新人の伊藤将司がそれぞれ10勝。9勝3敗のガンケルは、1985年のゲイルの活躍を彷彿とさせた。

中継ぎで安定感のある岩崎優が41ホールド、バトンを渡された絶対的な守護神スアレスが42セーブ。

ペナントレース序盤はサンズ、マルテ、ガンケルの活躍で開幕ダッシュを果たしたが、最終的にはやはり打線が物足りなかった。

とはいえ、近本は一番や三番に座ってリーグ最多の178安打・91得点、打率3割10本塁打24盗塁と気を吐いた。

ヤクルトは青木・山田・村上を中心とした打線だが、一番に定着してサイクルヒットもマークした塩見の成長が大きい。クリーンアップは3枚いるが、一番打者はひとりだけ。塩見は陰のMVPといってもいいだろう。

巨人は菅野智之が6勝、山口俊が2勝と本来の調子からはほど遠く、勝ち頭は9勝の戸郷翔征だった。打線も坂本勇人と丸佳浩が不振に苦しみ、DeNAからFA移籍した投打の新戦力・井納翔一と梶谷隆幸も額面どおりの数字を残せなかった。新外国人打者のスモークとテームズも機能しなかった。巨人が優勝争いに加わったのは、ひとえに14シーズンで9度リーグ優勝した原監督の采配力にほかならない。

巨人がそういった「チーム力」で勝ち、阪神がいわゆる「ミスター・タイガース」を軸にした「個の力」で勝ってきた歴史があるが、2021年の阪神はひとつずつの「個」がまだ小さい。

セ・リーグのMVPは村上が濃厚だが、巨人が優勝していたら岡本だっただろう。では、阪神なら誰だっただろうか。

もし僕がプロ野球記者のように3名連記でMVP投票をするのなら、1位5点・スアレス、2位3点・近本、3位1点・青柳といったところだろうか。

それでも1985年の三冠王・バース、2003年の20勝・井川慶、05年の3割40本

100打点の金本知憲と比較しようがない。2005年の「JFK」のごとく、21年の阪神の野球は、ひとことで表現しようがないのだ。

2021年の阪神の特徴は、新人選手の活躍ともいえる。ドラフト1位の佐藤は後半戦に不調をかこったとはいえ、田淵幸一さんの22本塁打を破った。

ドラフト6位の中野は、新人にして難しいショートのポジションを奪取。30盗塁越えで、2001年の赤星憲広、19年の近本以来の「新人盗塁王」に輝いた。

ドラフト2位の伊藤は、2013年の藤浪以来の新人2ケタ勝利をマーク。左腕投手に限れば1967年の江夏豊さん以来、54年ぶりの快挙だ。

投・打・走の各分野において、この新人トリオの貢献度は実に大きかった。しかしこれは、レギュラーが確定していなかったことの裏返しでもあるのだ。

磨きがかかった走塁、課題は守備力

阪神はヤクルトに13勝8敗4引き分け、巨人に13勝9敗3引き分け。ホームゲームでは36勝31敗4引き分けと、貯金は5つしかできなかった。

また、球団エラー数は86で、4年連続でリーグ最多エラーを数えている。リーグで唯一、甲子園の土のグラウンドで戦うとはいえ、エラーで無駄な走者を出して無駄な失点を献上する。あれだけ強力なリリーフ陣を抱えながら引き分けに持ち込めず、その前に負けてしまう。引き分けがリーグ最少というのは、エラーに原因があるのではないかと思っている。

優勝の可能性を残した10月26日の最終143試合目。エラーで先取点を許して敗れたのは、阪神の2021年シーズンを象徴していた。

逆に、球団エラー数のリーグ最少は巨人の45。阪神の約半分だ。「野球は守り」とよく言われるが、エラーは投手の球数を増やすことに始まり、悪循環を招く。エラーが多いまま他チームの頭ひとつ上にいくというのは、やはり非常に困難だ。

直近の5年間、阪神でゴールデングラブ賞を獲得したのは、2017年の鳥谷敬と

18～20年の梅野隆太郎しかいない。

思えば１９８５年の優勝は、真弓明信・バース・掛布・岡田彰布と30発カルテットを擁して「打ち勝った野球」の印象は強いが、木戸克彦捕手、岡田二塁手、平田勝男遊撃手、僕が三塁でゴールデングラブ賞を受賞していた。バースの一塁もうまかった。

僕は優勝の共同会見でこう言った。

「マスコミのみなさんは『２００発打線』のひとことで片付けがちですが、このチームは守り勝ったチームなんです」

１－０だろうが、10－９だろうが、１点差を守る力がなければ優勝はできない。

日本シリーズは阪神・吉田義男監督、西武・広岡達朗監督の「遊撃手対決」だったが、あの守備に辛口の広岡さんをして「日本シリーズの大きな誤算は、阪神は打つチームであり守れないのだと私が思い違いをしていたことだ」と言わしめた。

２０２１年のオリックス優勝により、阪神は12球団でＤｅＮＡ（１９９８年）に次いで優勝から遠ざかるチームとなってしまった。２０２２年以降、阪神が優勝を狙うには、とにもかくにも守備力改善が最大の課題である。

一方、タイガースの大きな躍進の要因は、「走る力」が他5球団よりもまさっていたことだ。チーム盗塁は断トツの114で、3年連続でリーグ最多をマークした。一番・近本の24盗塁、二番・中野の30盗塁はもちろん、四番の大山も2盗塁ながら、一塁までの全力疾走は見事だった。前の塁を狙う姿勢は、チームに積極性という波及効果をもたらす。優勝すれば、走力はいちばんの勝因となるはずだった。この姿勢は2022年以降も持ち続けてほしい。

四番・大山悠輔に期待すること

そして、もうひとつ。阪神V逸の原因は、四番打者の座を任された大山が、シーズンを通してきちんと四番を守り切れなかったことにある。四番打者がある程度固定されて1年間戦えれば、前後のバッターが非常に楽になる。勝てない責任は、やはり四番にあると思う。

大山は僕が阪神二軍監督を務めていた2016年、ドラフト1位で入団してきた選手だ。

中央球界では無名だった大山の名前が読み上げられた瞬間、ドラフト会場内で響き渡った阪神ファンの悲鳴とも嘆息ともつかない反応。大山は述懐した。

「悔しかった。一生忘れられない。声をあげた全員を後悔させてやる！」

その気概を持ち続ければ、大山はきっと這い上がれる。だからあえて厳しいことを言わせてもらう。２０２１年は勝つにしても負けるにしても大山が背負わなければならないシーズンだった。大山の印象深い一打は9月4日に巨人のビエイラから放ったサヨナラ逆転2ランだけだ。

10月18日、２―１で辛勝した広島戦、四番で4打数4三振。翌19日、大勝したヤクルト戦ではスターティングメンバーから外された。勝つにしても負けるにしても、これでは大山がチームを背負っていない。

同日、大山が途中出場でヒットを打ったとき、大山はダグアウトを一瞥《いちべつ》もしなかった。

「なぜスタメンで出られなかったんだ」――自分の野球に対する怒り、悔しさを初めて感じたのではないか。もちろん責任は不甲斐ない自分にある。自分の出した結果に対するチームへの影響を、大山はもっと感じていい。もっともっと、そういう表情を出したほうがいいと思う。大山のそんな表情を初めて垣間見られた気がして、僕は少しうれしかった。

すなわち、チームの勝ち負けの責任を背負うのが「四番打者の条件」なのだ。阪神タイガースというチームは、とくにその色が濃いと僕は思う。極端なことを言えば、四番が打てなくてもチームは勝てる。別に僕が打たなくても、真弓さんなり、バースなり、岡田が打てばチームは勝った。しかし、四番の僕が打てば、勝つ確率が当然もっと高くなった。

それよりも、敗戦のチームの「負の部分」を背負うことが、本当に大切だったのだ。

仮に、僕が4打数3安打しても、チャンスで打てなくて負ければ、その打てなかった1打席をマスコミに痛烈に批判される。「掛布、チャンスで凡退」。いや、それでいい。四番が責任を背負うことによって、ほかの選手たちが非常に楽にプレーできるからだ。「四番」は正直難しい。だからこそ「四番」なのだ。

名門復活に「不動の四番の育成」は不可欠

思えば、1986年からの9年間で実に8度のリーグ優勝を果たした森・西武。四番・清原和博を援護した五番・デストラーデが1992年、三番・秋山幸二が93年を最後に西武のユニフォームを脱いだ。清原はどうしたか。1994年、苦しみながらもリーグ最多の100四球を選んで、リーグ優勝に貢献したのだ。

巨人は高橋由伸監督時代、岡本を使い続けた。優勝を逃したが、由伸監督は生みの苦しみに耐え、「四番・岡本和真」を誕生させた。全143試合出場、打率3割30本100打点は、まさに待望久しい大砲だった。

原監督になり、四番・岡本で2連覇を遂げる。2020年は本塁打・打点の二冠王だ。その2年間は坂本と丸が岡本を援護した。2021年は坂本と丸の調子が芳しくなく、岡本ひとりのバットでは勝てなかった。これまで坂本が背負っていた「負の部分」を岡本が背負ったことにより、「巨人の四番・岡本」をさらに成長させる1年になったのではないか。

「2020年は最下位チームの四番だった。2021年は優勝チームの四番になりたい」

その言葉どおり、勝負強い村上が軸になって、12球団で唯一、チーム総得点が６００点を突破したヤクルト。阪神とのマッチレースを制し、優勝の果実をもぎ取ったことにより、村上が四番打者としてひと皮むけるのは間違いない。

岡本も村上も、負けても勝ってもチームの責任を背負ったのだ。

巨人の松井秀喜、坂本、岡本にしても、そして僕にしても、奇しくも高卒プロ入り６年目で打撃タイトルを獲得している。筋力、木製バットへの対応からしても、それぐらいの時間を要する。その点で言えば、２年目の阪神・井上広大は少し長い目で見てあげなくてはならない。

もう一度、翻って大山だ。プロ４年目の２０２０年、打率・２８８、28本塁打85打点。２０２１年は打率・２６０、21本塁打71打点。大山は２０２０年にあれだけ打って、チームの負の部分を背負わなければいけないのは十分わかっているはずだ。さらに２０２１年からはキャプテンも務めている。

大山がヤクルトの村上や巨人の岡本のように、勝っても負けてもフルシーズン四番に座って、四番打者としてやらなければいけない野球をやり、ある程度ベンチが納得する数字を残してくれていたら、タイガースは変わっていたと思う。

星野仙一監督と岡田彰布監督は就任2年目に優勝した。以後、真弓明信監督、和田豊監督、金本知憲監督、矢野燿大監督は就任2年目にすべて2位。以降あと一歩届かないどころか、逆にBクラスに沈んでいる。タイガースはなぜ優勝できないのか。

近い将来、阪神が常勝軍団になっていくために、「真の四番打者の育成」は必要不可欠だ。そして可能性があるのは、大山悠輔と佐藤輝明しかいない。2人がどういう形でこれからの1年、2年の野球をやるのか——阪神タイガースの未来を大きく左右するのは間違いない。

第2章

四番打者とは何か

四番は簡単に育てられるものじゃない

１９９９年から3年間、阪神の監督を務めた故・野村克也さんの言葉を借りよう。

「オレ（１９５４年南海テスト入団）や掛布（73年ドラフト6位）のような前例があるから周囲は『四番打者を育てろ』とさも簡単に言うが、四番はそんなに簡単に育てられるものじゃない」

野村さん独特の言い回しで、婉曲《えんきょく》に「オレはテスト生から四番になったんだよ」と言っているんだろうが、一方でたしかにそんなに簡単なものではないと思う。

「四番」を論じる前に、たとえば投手でいえば「エースの条件」「エースの定義」はなんだろう。

わかりやすく、先発完投型投手の好成績を称える「沢村賞」の基準を挙げると、「25登板」「10完投」「15勝」「勝率6割」「２００投球回」「１５０奪三振」「防御率２・５０以下」の7項目がある。

1980年～82年の江川卓の投手成績（太字はリーグ最高）

	先発	完投	完封	勝利	敗戦	勝率	投球回	奪三振	防御率	沢村賞
1980	34	18	**5**	**16**	12	.571	261	**219**	2.48	該当者なし
1981	30	**20**	**7**	**20**	6	**.769**	240	**221**	**2.29**	西本聖（巨人）
1982	31	**24**	**6**	19	12	.613	263	**196**	2.36	北別府学（広島）
通算9年	266	110	27	135	72	.652	1857	1366	3.02	

僕のライバルだった江川卓（巨人）は、とくに上記３年間の投球が圧巻だった。

僕はエースたる者、最低でも「貯金８」「投球回２００」がノルマだと考えている。江川は現役通算９年間で１３５勝72敗。現役後半は肩痛に苦しみ、短命に終わったが、トータルでも１年平均15勝８敗の貯金７、投球回も１年平均２００を超えている。

江川は沢村賞に一度も選出されていないが、この３年間は沢村賞の７項目から考えて、３年連続受賞でもおかしくない成績だ。しかも、１９８１年は「最優秀勝率」「最多完封（７試合）」を加えると「投手五冠」である。

「記録の神様」と呼ばれたＮＰＢ・ＢＩＳデータ本部初代室長・宇佐美徹也さんは、「同一シーズンに『最多勝』『最優秀防御率』『最多奪三振』の投手三冠を獲得する投手はそこそこ登場するが、そこに『最優秀勝率』『最多完封』を加えた『投手五冠』は、打者の『三冠王』（7人のべ11度）に匹敵する」と述べている。

その言葉どおり、過去に「投手五冠」を達成したのは沢村栄治さん（巨人・1937年春）、スタルヒン（巨人・38年秋）、藤本英雄さん（巨人・43年）、杉下茂さん（中日・54年）、杉浦忠さん（南海・59年）、江川（巨人・81年）、斉藤和巳（ソフトバンク・2006年）、山本由伸（オリックス・21年）の8人のべ8度しかない。江川はそこに名を連ねるのである。

江川の3年間の投球は数字以上に圧巻で、当時の並みいる強打者連中が「江川は怪物だ」「球界ナンバーワンは江川だった」と異口同音に述懐する。完投数といい投球回数といい、現在からは考えられない多さだが、当時の「いまの15勝は昔の20勝に相当する」との江川の発言は物議をかもした。

しかし、すでに1979年（広島）・81年（日本ハム）のセ・パMVPが江夏豊さんだったように、投手は「先発」「中継ぎ」「抑え」と分業制が進んでいる兆候があった。

現在にいたっては完投さえ珍しく、規定投球回（そのシーズンの試合数と同数）到達投手さえ減少の一途をたどるのが実際のところである。

事実、沢村賞の選考基準も２０１８年から「先発7回で自責点3以内」という、クオリティ・スタートに似た内容を考慮されるようになっている。

つまり、江川や僕の言わんとするところは「野球は変わる」ということだ。

変わる「四番打者」像

打順には「一番＝出塁」「二番＝犠打」「三番＝打率」「四番＝本塁打」「五番＝打点」というようなイメージが漠然とあるが、いろいろな四番打者があっていいと僕は思う。チームによっても当然変わってくるだろうし、かつての確固たる「四番打者の定義」はなくなってきた。

かつてヤクルト優勝時には、１９７８年のマニエル（打率・３１２、39本塁打１０３打点）、92年・93年はハウエル（打率・３３１、38本塁打87打点／打率・２９５、28本塁打88打点）、95年はオマリー（打率・３０２、31本塁打87打点）、２００１年はペタジーニ（打率・３２２、39本塁打１２７打点）と左の長距離砲の外国人選手が在籍した。

前出の野村さんは次のように語っている。

「四番・オマリーが契約問題で１９９６年を最後にヤクルトを退団した。もう消去法だった。『おい古田。あすから四番はどうだ？』『はい、いいですよ』。二つ返事だった。オレは四番を打診されたとき、大きな覚悟と責任感が必要だったがなあ（苦笑）」

古田敦也は打率・３２２ながら、わずか９本塁打（86打点）で１９９７年リーグ優勝・日本一のＭＶＰに輝き、「四番打者像を変えた男」と呼ばれた。


最近は「二番・最強打者」説もある。坂本勇人（巨人）が好例だ。２０１９年に史上初の遊撃手による打率３割・40本塁打をマークしてＭＶＰの栄誉に浴した。

巨人が初回に得点した試合数は、２０１７年36試合、18年42試合、19年53試合。２０１９年、初回が無得点に終わった90試合は43勝46敗1分で借金3だったが、得点した53試合は34勝18敗1分で貯金16（19年巨人は１４３試合77勝64敗2分で貯金13）だった。

つまり、全１４３試合中１１６試合あった「二番・坂本勇人、三番・丸佳浩」の打線で先手必勝を狙った結果、広島の4連覇を阻《はば》み、見事5年ぶりの覇権奪回を遂げているのだ。

エースと四番のライバル対決

最近の若手は非常に真面目な選手が多い。僕らの時代のような我《が》を通す選手、わがままな選手は見られなくなった。チームの勝利を最優先に考える、そういう四番打者が非常に増えてきている。

僕らの時代はチームの勝利が最優先のなかで、四番打者として「個の野球」にこだわる部分があった。代表的な対戦を挙げてみよう。

村山実 VS 長嶋茂雄

長嶋茂雄さんは、「初代ミスター・タイガース」藤村富美男さんのファンだったそうだ。「2代目ミスター・タイガース」村山実さんのライバルは、必然的に「ミスター・ジャイアンツ」になる。ミスター・タイガースのほうが先なのだ。

１９５９年、天覧試合のサヨナラ本塁打。「あれはファウルや！」と村山さんは言うが、ビデオを観ると打球は完全に入っている。村山さんの弟分だった江夏豊さんは、そのフレーズを１００回以上聞いたらしい。

村山さんは長嶋さんから通算１５００個目と２０００個目の三振を奪った。長嶋さんに対する村山さんのライバル意識は、東京に立ち向かう大阪の象徴だったのだ。対戦成績は通算３０２打数85安打、打率・２８１、21本塁打、39三振。

江夏豊 VS 王貞治

その江夏さんがライバル視し、目標としたのが王貞治さん（巨人）だ。王さんみずから「通算８６８本塁打のなかで、ハンク・アーロンを抜く７５６号に匹敵する」と語る1本が、１９７１年9月15日の通算４８５号である。この年から翌年にかけての長いドン底スランプのなかで江夏さんから放った9回逆転3ランだ。王さんは涙を流しながらダイヤモンドを一周したそうだ。そして江夏さんも、稲尾和久さん（西鉄）を抜くシーズン３５４個目の三振を王さんから奪っている。

王さんの三振を取りにいくとき、江夏さんは右ひじの下を狙うそうだ。ストライクゾーンには入っているが、そこを狙って投げられたら、王さんといえども打てなかっただろう。通算2587打数744安打、打率・287、20本塁打、57三振。

ファンが第一に求めるのは、もちろんチームの勝利だろう。だが、チームが負けていても、四番の1本のホームランがファンの心に残ることがある。

僕のときもそうだった。「今日は負けたけど、掛布のホームランが見られたからよかったね」と言って帰ったというファンの話を聞いたことがあるが、本当にうれしかった。

これを「わがままな野球」と言う人もいるが、僕の考えは違う。

たとえば0－10で負けていて、8回裏や9回裏にランナーなしで打席が回ってくる。そこでホームランを狙うことは、お金を払って見にきてくれたファンに対しての、四番としての責務である。決してわがままではない。

野球はチームスポーツだが、プロ野球だから許される「個の野球」というのもあると思う。

江川卓のウイニングショット

そして江川と僕だ。

「江川の高めストレートに手を出してはいけない。あれは絶対に打てん」

１９８２年から阪神の指揮を執った安藤統男監督のミーティングだ。

「カケ、でもおまえはそのストレートを打ちたいんだよな？」

「そのとおりです。江川のウイニングショットを打つのが、僕の四番打者たる務めですから」

「わかった。カケだけはその高めストレートを打ちにいっていい。四番が相手エースを打てばチームは勢いづくだろうし、打てなかったらチームが負けるだけだ」

忘れもしない１９８２年4月16日、後楽園球場での巨人戦。20勝の翌年、江川の全盛期である。その日はライトからレフトへ、甲子園の浜風にも似た風が吹いていた。

「タイミングとバットの振り出し角度さえ間違わなければ、江川の球威を利用してレフトスタンドへ放り込める」

僕は、投球の下に数ミリ単位の感覚でバットを入れ、逆回転のスピンをかけて打球に角度をつけて飛ばした――。

悠々とダイヤモンドを回る僕の目に、首をかしげながら視線をよこしてくる江川の姿が入った。

近年、アッパースイングで打球速度が時速１５８キロ以上、打球角度が26～30度で上がった打球が最も安打や本塁打になりやすいという「フライボール革命」がもてはやされているが、僕は自分の感覚のなかで、そのようなバッティング科学にのっとった打法を自然と身につけていたのだ。

江川に一度だけ敬遠されたことがある。１９８２年9月4日、甲子園。優勝争いのなか、阪神1点ビハインド、８回裏二死走者二塁。

僕は前の打席、タイムリー安打を放っている。藤田元司監督の敬遠の指示で、江川は立ち上がった山倉和博捕手のミットに向かって快速球を投じた。無言の抗議だ。江川はシーズン無四球試合10のセ・リーグタイ記録もかかっていた。江川は言う。

「ホームランを打たれるより屈辱だった。２人の対決を見にきたファンに申し訳ない。

三振を狙うようないちばん速い球を4つ投げた。プライドを込めたストレートだ」

いつだったか、驚かされた江川の言葉がある。

「プロの打者ってすごいと思ったよ。だって、オレのボールに当ててるんだぜ」

打つ気がない打席で客観的に見た球の速かったこと。江川の怒りを、敬遠のストレートが雄弁に物語っていた。この試合に勝った江川は18勝目を挙げた。この年の優勝は中日で、巨人が2位、阪神は3位に終わった。

江川という倒さなければならない怪物がライバル・巨人にいてくれて、最高の対決ができたこと。これも阪神の四番として、とても大きなことだった。

江川と僕の対決は、通算167打数48安打、打率・287、14本塁打、21三振に終わった。

誤解を恐れずに言えば、「名門・阪神」というものの、他球団と比較してむしろ優勝は少ない。阪神―巨人を「伝統の一戦」というならば、沢村賞2度の菅野智之ら、押しも押されもせぬ巨人のエースと名勝負を繰り広げる阪神の打者の登場を待つのである。

失われた「打たれる美学」

「エースと四番の名勝負」といって、誰と誰の対決がすぐ思い浮かぶだろうか？

江川と僕以降は、野茂英雄（近鉄）と清原和博（西武）、松坂大輔（西武）とイチロー（オリックス）くらいだろうか。イチローは四番打者ではないが、「エース」と「四番」にふさわしい個々の名勝負をなかなか挙げられないのは寂しいことだ。

そして野茂はフォークボール、松坂はスライダーという代名詞ともいうべき勝負球があったが、狙われることを百も承知で「ここ一番」はストレートで勝負した。打者は安打を狙いにいくのではなく、三振しようがフルスイングで立ち向かう。

アメリカ野球ではないけれど、本来、野球は打つのが楽しい。4回打席に立つのであれば、どこかの打席で「エースと四番」は、ボールとバットが当たる勝負をする。エースはボールに、四番はバットに、自分の思いを託すのである。

2005年4月21日の対戦を終え、通算500号に王手をかけていた清原（巨人）が三振を喫した藤川球児（阪神）に対して言い放った。

「8点リードの7回。二死満塁、フルカウントからフォークボールを投げてきた。逃げ腰で臆病な投手や」

6月25日の再びの対戦で、藤川は真っ向勝負した。三振に倒れた清原は、「僕が20年間見てきた中で最高のストレート。火の玉ストレートや」と藤川を絶賛した。

藤川はその年、80試合53ホールドポイントを挙げて「最優秀中継ぎ投手」のタイトルを獲得し、阪神優勝の原動力になった。

清原との対戦について、次のように語っている。

「あの一件のおかげで、僕はストレートにこだわるようになった。自分を常に磨かないといけない」

アメリカで子どもに投手をやらせない理由

1983年から84年に巨人に在籍したレジー・スミス（メジャー通算314本塁打）のベースボール・アカデミーを僕が取材したとき、驚いたことがあった。子どもたちに投手をやらせないのだ。ストライクが入らないからだという。

通算被本塁打数ランキング(現役選手は2021年時点)

		球団	勝利	被本塁打
1	鈴木啓示	近鉄	317	560
2	山田久志	阪急	284	490
3	東尾 修	西武	251	412
4	北別府学	広島	213	380
5 ⋮	金田正一	巨人	400	379
11	三浦大輔	DeNA	172	358
12	石川雅規	ヤクルト	177	343
13	山本 昌	中日	219	341

日本の野球は投手に「打者に打たせるな」と教え、ピッチャーの手からボールが離れた瞬間にスタートする。一方、アメリカのベースボールは、バットとボールが当たった瞬間からスタートするという。この違いを感じた。

僕の現役時代のエースと言われるピッチャーには、もちろん抑えにくるが、後者の気持ちがあったのではないだろうか。エースと四番は、ボールとバットが当たる勝負をしなくてはならないと、投手たちも感じてくれていたのだと思う。

ひと昔前のエースと呼ばれる投手たちは「打たれる美学」を持っていた。だからエースは被本塁打がすごく多かった。

山田久志さん（阪急）は、門田博光さん（南海）、落合博満さん（ロッテ）、清原和博（西武）に真っ向勝負を挑んでいった。僕の時代では、同い年の大野豊（広島）、遠藤一彦（大洋）がそういう勝負をしてくれた。

だからこそ先述の安藤監督の言うように、「エースと四番の対決」がチームの勝敗に連動したのである。それを感じられる空気があったから、観客も固唾《かたず》をのんで勝負を見守った。そんな勝負が最近は少ない気がしている。

初対決の重み

四番の大きな仕事はチームを勝たせること。そのためにはまず、相手投手に自信を持たせないことだ。投手というのは打たれたことを覚えているから、最初に印象づけておかないといけない。

槙原寛己（巨人）との初対決は、たしか1982年11月、宮崎で行われたオープン戦だった。僕は調整中だったが、巨人とのオープン戦ということで安藤監督から「2打席でいいから立ってくれ」と言われ、スパイクも履かずに出場したのだ。肩もできていなかったので、ポジションもサードではなくファーストだ。

１９８１年のドラフト１位だが、１年目の公式戦登板はなかった槙原が先発だった。打席に立ち、槙原のストレートを見て驚いた。「これは、いつかやられる。ここで絶対打っておかなくては」と思った。

ストレートは打てないだろうからと、２打席目にカーブだけを待って、レフト前に持っていった。槙原に「打たれた」という意識を植えつけてから、すぐに安藤監督に「代えてください」と頼んだ。それが３年後、１９８５年の「バックスクリーン３連発」につながったのだろうか。

江川との初対決もそうだ。

１９７９年６月２日、江川の阪神戦初登板時、僕は欠場していた。それだけに翌月の初対決は阪神ファン・巨人ファンをはじめとする日本全国の野球ファンの耳目を集めた。

当時の僕はまだ三番だったが、スポーツマスコミの論調は「３年連続３割20本の掛布は打って当たり前」。僕は内心、怖くて震えていた。前日の素振りも相当力が入った。狙いはストレート一本だった。

1回二死走者なし。初球のカーブはボール――。

こうして、「阪神の四番・掛布」と「巨人のエース・江川」の物語が始まった。

「初対決で、掛布にホームランを打たれたのは結局カーブだったが、僕はあの初球のカーブを一生悔やむ。キャッチャーの吉田（孝司）さんが大先輩で、サインに首を振れなかったこともある。でも、前年アメリカ留学で投げていなかったことから、自分のストレートを１００パーセント信用できていなかった」

引退後の対談でライバル・江川も述懐したように、何度も顔を合わせることになるだろう手《て》強《ごわ》い相手との初対決での印象は、かくも大事なのだ。

１９７９年７月７日、七夕の後楽園球場。1年に一度、いや一生に一度しかない勝負だった。全国の野球ファンが見守るなかでの、江川からのホームラン。打たなければいけない1本だった。名勝負というものは、そうやって始まっていくのだ。

そのシーズン、僕は48本塁打を放ち、初のホームラン王に輝いた。一方の江川も、翌

１９８０年にはストレートのキレが戻り、初の最多勝を獲得した。

野球の怖さ

１９７６年、僕は初めて打率３割を打って、プロ野球選手として少し認められた。まだ高卒のプロ３年目、もううれしいだけだった、楽しいだけだった。しかし、そこから「楽しい野球」が「楽しくない野球」に変わりつつあった。それは「野球の怖さ」を感じ始めていたからだ。

僕は「ストレート待ちの変化球対応」タイプだが、カウント３－０から投手はフォークボールを投げてくるときもある。打者優位のカウントほどストレートなど投げてこないで、変化球を投げてくる確率が高い。だから変化球待ちでいて、いざ甘いストレートが来たら簡単に見逃してしまったりする。

打者心理や投手心理の野球の対決は、将棋や囲碁の盤上のように、宇宙のごとく果てしなく広く、答えがないのだ。

その年のオフ、知人の結婚披露宴で、還暦を前にした58歳の将棋の名人・升田幸三先生に対面する機会に恵まれた。僕は21歳の青年だった。

升田先生の順位戦での勝率・724（139勝53敗）は、現役を除く歴代A級棋士のなかで最高勝率を誇る。

長嶋茂雄さんと対談の際には、「野球は3割打ったら上等とされるが、将棋は7割勝たないと一流とはいえない。精進したまえ」とアドバイスし、長嶋さんがスランプを脱したという逸話を持っていた。

僕は升田先生に助言を仰いだ。

「野球に怖さを感じています。これから僕の野球って、どうなるんでしょう」

「数字の成長はないのか。君が10年後の30歳のとき、打率4割を打てるのか？」

「4割は打てません。3割を打つためにやっぱりバットを必死に振っていると思います」

「それが野球の怖さだろう。将棋の世界にも失敗はある。でも、いい失敗と悪い失敗がある。野球の世界も7割の失敗のなかにヒントが必ずあるはずだ。失敗でチームを勝たせることもあるんじゃないのか。失敗を大切にしなさい。それこそが君の野球の成長につながる」

「四番・掛布」のまま引退したかった

子どもの頃、長嶋さんや王さんに憧れた。「ああいうバッターになりたい」という気持ちは、引退まで忘れたことはない。

初めて3割を打った1976年のオフ、球団から電話があった。

「掛布君、背番号3が空いたんだけど、つけるかい？」

だが僕としては、3割を打った自分の31という背番号を大切にしたいという気持ちのほうが強かった。親父も「おまえがそう思うなら、それがいいんじゃないか」と賛成してくれた。

「いえ、長嶋さんの3と王さんの1で31ですから。僕なりに阪神の背番号31、掛布を作っていきます」

掛布のようになりたい——僕は掛布であって、掛布ではなかった。テレビのなかで打っている僕自身を見て、「こんな選手になりたい」「もっといい選手になろう」と奮起し、その場で素振りを始めたこともあった。

1985年の優勝は、チームの結果としてすごく満足しているし、ファンの喜び方を見ても、四番としていい野球ができたんだと思っている。一方で、個人としての数字を考えると、もっと打てたんじゃないか、もっとこうすればよかったんじゃないかと思うこともあった。

僕は四番として野球の怖さを知った。そして、それを打ち破っていくことに快感も覚える。その準備である練習もすごく好きだった。打っているときは怖さだけだが、打てないときは嫌だが楽しい。打てないとき、悩んでいる自分も好きだった。

だが、1985年の日本一以降、ヒザが痛い、腰が痛いと言い訳するようなもうひとりの自分が出てきた。ファンの期待を裏切るような野球しかできなくなった。そのとき、もうプロ野球選手としてグラウンドに立つ資格はないと思った。

もっと長く野球をやれたのかもしれない。しかし、六番や七番で打席に立つことをよしとして野球を続けてはならない、と自分に言い聞かせてきた。若い選手に対してポジションを空けてあげなきゃいけないという気持ちもあったが、これが「四番打者」のプライドだ。僕は「四番・掛布」のまま、現役15年、33歳でユニフォームを脱ぐことを選んだのだ。

「悔いがあるんじゃないですか？」とよく訊かれたが、野球に悔いを残したくなくて、プロに入れてもらったのだ。もし悔いがあったら続けていただろう。

本当に、ただひとつ悔いが残ることがあるとすれば、優勝したときに「御堂筋パレード」ができなかったこと。当局にお願いに行ったのだけど、「死人が出るからダメだ。警備できない」と言われた。それぐらい、阪神ファンは熱狂的に応援してくれた。

「7割の失敗」に意義がある

通算714本塁打のベーブ・ルース以上だという評価もある「最後の4割打者」「打撃の神様」テッド・ウィリアムズの名言がある。

「プロスポーツでいちばん難しいのはバッティングだ」

打撃の神様であっても、バッティングは難しいと言う。普通に7割近くは失敗する。しかし、升田先生の言うように7割の失敗のなかにも、当然「いい失敗」もある。だから僕は、7割の失敗のなかに「四番の意義」「四番としての犠牲」があるのではないかと考えた。３割の成功でチームを引っ張るのはある種当たり前、簡単なこと。「フォア・ザ・チーム」――チームの勝利のために大切な犠牲の1個のアウトがある。7割の失敗のなかで、相手投手に対していかにプレッシャーをかけるか。

仮に僕と江川が10度対戦して10打数0安打としても、すべてがバットの芯でとらえたホームラン性の当たりだったとしたら、江川は10の0と思うだろうか。逆に、10打数4安打としても、ボテボテのゴロのヒットなら、僕は打ち勝ったとは思わない。

「3代目ミスター・タイガース」田淵幸一さんは、１９７9年から新生・西武に移籍した。阪神から田淵さんと古沢憲司投手の2人、西武から真弓明信内野手・竹之内雅史外野手・若菜嘉晴捕手・竹田和史投手の４人という大型トレードだった。

田淵さんに代わり、僕が四番を任せられた1979年は、122試合153安打、打率・327、48本塁打95打点だった。無我夢中、必死でプレッシャーを感じる暇もなく打ってしまったというのが正直なところだ。

翌1980年は左ヒザを痛めて70試合出場にとどまったが、81年は全130試合に出場し、156安打、打率・341、23本塁打、86打点をマークした。しかし、その年のオフのイベントでファンの方から発せられた率直な言葉は強烈だった。

「もっとホームランが見たい!」

正直に言うと、僕自身「こういう四番になりたい」などと理想の四番打者像を思い描いたことはなかった。ところが、1979年に48本で本塁打王を獲ってしまったばかりに、ホームランを要求されるようになったのだ。ある意味、「ノー」と言ってくれるファンが僕の「四番としてのバッティング」を誘発してくれたのかもしれないと思っている。

「ホームランを打った瞬間に時間が止まる。グラウンドで動いているのは、ダイヤモンドを回る自分だけだ」――王貞治さんが口にしていた言葉は、「世界の本塁打王」だけに含蓄があった。

カウントは自然と整うもの

ファンが「ホームランを見たい」と言うのは、彼らもその瞬間を感じたがっているからだ。

仮に負けていようとも、時間を止める一発の本塁打をエースから放つと、エースのリズムが変わる。だから甘い球を見逃さないこともたしかに大切だが、ときには相手エースのウイニングショットを狙って仕留めなくてはいけない。それが本塁打や安打にならなくても、十分なプレッシャーを与えられる。

駆け引きは、「相手投手を知る」ことも大切だが、それ以上に「己を知る」ことがすごく大切だ。僕でいえば、本塁打もあるし、打率もそれなりに残せる。それによって自分を攻めてくる相手の配球が自然とわかるようになる。全部が全部ストライクの勝負はしてこない。すると、バットを振らなくても、ある程度カウントは整っていくものなのだ。

たとえばボールが先行し、2－0になったとしよう。このとき、次の甘い球を狙いにいくのももちろん大切だ。

だが、ここでど真ん中の甘いストレートを簡単に見逃す四番は怖い。「何を考えてるんだ？」と、バットを振らずして投手にプレッシャーをかけるのだ。

2－1からのカットボールも見送る。相手は「何を待っているんだ？」と迷うだろう。あえて2－2のカウントに持ち込み、ここから本当の駆け引きが始まるのだ。最後はウイニングショットのフォークボール……打者としては、狙い球を絞りやすくなる。ときには決め球を打って、相手にダメージを与えなくてはならないのだ。結果として、四球も増えていくだろう。

相手のことはもちろん研究しなければいけないが、その前に己を知るということが大切だ。それで相手と勝負をするのだ。

「『四番打者の定義』はなくなってきた」と言ったが、この駆け引きができるのは「四番の器」を持つ打者だけかもしれない。

1985年の日本一と「四番の犠牲」

「四番としての犠牲」というものも当然ある。

1985年、日本一の要因をマスコミに問われた吉田義男監督はこう言った。

「ウチには日本一の四番打者がいる」

同様に三冠王獲得の理由をマスコミに問われ、バースはこう答えている。

「カケのおかげで三冠王が獲れた。打順が逆なら、カケが三冠王だっただろう」

リーグ優勝を決めた神宮球場で吉田監督が胴上げされたあと、「チーム暗黒の時代」も一緒に過ごしてきた6歳先輩の川藤幸三さんの言葉だ。

「このチームはカケのチームなんだ。カケが犠牲になって、いろいろ背負ってきてくれた。カケを胴上げしないで、どうする」

とくに四番にとって、チーム内で認めてもらえることは非常に大切だ。吉田監督も、バースも、川藤さんも、「目に見えない四番の重責」を理解したうえでの発言だった。

こんなにうれしいことはなかった。

1985年阪神クリーンアップの最終成績（太字はリーグ最高）

	試合	安打	本塁打	打点	四球	三振	打率
バース	126	**174**	**54**	**134**	67	61	**.350**
掛布	**130**	143	40	108	**94**	62	.300
岡田	127	157	35	101	64	41	.342

１９８５年４月17日、甲子園での巨人戦。槙原寛己からの伝説の「バックスクリーン３連発」はペナントレースが始まってまだ４試合目だったが、滑り出しがよくなかったバースはあの試合のシーズン１号で復調の狼煙《のろし》を上げた。逆に岡田彰布は好調だったので、この前後２人をつなぐために僕は腐心した。

バースとも岡田とも「オレがオレが」と競争するような、そういう四番であってはならない。一歩引き、俯瞰《ふかん》して「阪神タイガースの野球」を見る。

三番・バースと勝負させる強い四番を演じなければいけない。そのためには少なくとも30本以上、40本近い本塁打を打つ必要がある。

さらに、状態のいい五番・岡田を生かすための四番の仕事はなんだろうと考えた。必要だったのは、「ボールを見極める」という我慢だ。打ちたい、バットを振りたいという打者としての本能、私欲を捨てる。僕のひとつの四球出塁が、野球に間《ま》を作り、岡田の安打や本塁打が得点につながる確率を高めるのだ。

その１９８５年、僕より2歳上で、２度目の三冠王を獲得した落合博満さん（当時ロッテ）のコメントが新聞に出ていた。

「四番の『我慢』を考えると、この打線のなかで四番を打てるのはやはり掛布しかいない」

現役15年間でいちばんしんどかったシーズンは、優勝した１９８５年だ。あのときに升田先生の「7割の失敗」をすごく勉強させてもらった。先生の教えから10年近くが経っていた。それぐらい時間がかかったということだ。

「歴史上ひとりしかいない、阪神日本一時の四番打者」の幸せをいまあらためてかみしめている。

掛布的、四番の定義

以上のことから僕は、成績から「四番の定義」を考えてみた。基準になるのは、「打率・２８０」「30本塁打」「90打点」。さらに、「安打数の2割以上が本塁打」「安打と四球を足して２００」だ。

次ページの表は僕の打撃成績だ。太字は僕が定義した数字をクリアした箇所（下線はリーグ最高）。こうして見ると、僕は現役15年のうち、１９７８年・79年・82年・83年・85年の5度、自分自身が定義した「四番」の務めをクリアしたことになる。

これらの数字は、最近でいえばＯＰＳ（On-base Plus Slugging）に相当すると思う。出塁率（「安打＋四球＋死球」÷「打数＋四球＋死球＋犠飛」）と長打率（塁打数÷打数）を足した値で、数値が高いほど打席あたりでチームの得点に貢献したことになる。

ＯＰＳの開発者であるビル・ジェームズによれば、打者を「Ａ＝素晴らしい（・９００以上）」「Ｂ＝非常によい（〜・８９９９）」「Ｃ＝よい（〜・８３３３）」「Ｄ＝並（〜・７６６６）」「Ｅ＝平均以下（〜・６９９９）」「Ｆ＝悪い（〜・６３３３）」「Ｇ＝非常に悪い（・５６６６以下）」の7段階に格付けできるらしい。

掛布雅之　年度別打撃成績

	監督	順位	試合	安打	四球	安打+四球	打率	本塁打	打点	三振	OPS
1974	金田	4位	83	33	28	61	.204	3	16	38	.633
1975	吉田	3位	106	78	22	100	.246	11	29	68	.716
1976		2位	122	132	54	186	**.325**	27	83	52	1.015
1977		4位	103	126	50	176	**.331**	23	69	58	.986
1978	後藤	6位	129	148	63	**211**	**.318**	**32**	**102**	86	.970
1979	ブレイザー	4位	122	153	58	**211**	**.327**	**48**	**95**	61	1.088
1980	中西	5位	70	59	26	85	.229	11	37	47	.686
1981		3位	130	156	85	**241**	**.341**	23	86	54	.993
1982	安藤	3位	130	151	79	**230**	**.325**	**35**	**95**	69	1.033
1983		4位	130	143	72	**215**	**.296**	**33**	**93**	81	.949
1984		4位	130	119	102	**221**	.269	**37**	**95**	83	.963
1985	吉田	1位	130	143	94	**237**	**.300**	**40**	**108**	62	1.017
1986		3位	67	64	25	89	.252	9	34	40	.732
1987		6位	106	88	33	121	.227	12	45	61	.660
1988	村山	6位	67	63	28	91	.250	5	32	37	.683
	通算15年		1625	1656	819	2475	.292	349		897	.913

セ・リーグ四番は岡本・村上・鈴木に合格点

12球団の四番打者を見渡してみると、現時点では岡本和真（巨人）が突出している。4年連続「30本塁打90打点」を達成し、2020年・21年は打点と本塁打の二冠に輝いた。

大山悠輔（阪神）は2019年に全143試合出場、20年は28本塁打85打点で四番らしい数字を残した。

中日はウッズ（2005年〜08年）、ブランコ（09年〜12年）、ビシエド（16年〜）ら、もうしばらく中軸を外国人選手に任せるようだ。選手の補強のなかで、うまくその選手が育っていけばいいが、四番はそんな簡単に育てられるものではないのだろう。

DeNAは四番・筒香嘉智（現・パイレーツ）の後釜として佐野恵太が2020年に首位打者を獲得して、ラミレス前監督の大抜擢にこたえた格好だ。5月途中からは佐野に代わってオースティンが四番に座っている。オースティンの特徴は、体をレベルに使った上下前後にぶれないスイングだ。本塁打だけでなく、首位打者争いにも顔を出した。

2021年セ・リーグの四番打者（太字はリーグ最高）

球団		試合	安打	四球	打率	本塁打	打点	三振
ヤクルト	村上宗隆	**143**	139	**106**	.278	**39**	112	133
阪神	大山悠輔	129	121	37	.260	21	71	89
巨人	岡本和真	**143**	138	57	.265	**39**	**113**	108
広島	鈴木誠也	132	138	87	**.317**	38	88	88
中日	ビシエド	130	132	35	.275	17	70	56
DeNA	オースティン	107	113	60	.303	28	74	111

走攻守三拍子そろった鈴木誠也（広島）。レギュラーに定着した高卒プロ4年目の2016年から広島はリーグ3連覇の偉業を達成するのだから、チームへの影響力は多大だ。以来6年連続「打率3割25本塁打」を達成している。2019年のプレミア12と21年の東京オリンピックで侍ジャパンの四番を務め、いずれも金メダルに貢献。存在感を発揮した。

広島は2017年・18年と2年連続リーグMVPだった丸佳浩が巨人にFA移籍して、「タナ・キク・マル（田中広輔・菊池涼介・丸佳浩）」から鈴木へと続く打線が分断されてしまった。鈴木はさぞかし本当の四番の重圧を感じ、もがいたことだと思う。

西武の四番・清原のことを思い出す。デストラーデが1992年に西武を退団し、秋山幸二が93年を最後にダイエーに移籍した。１９８６年から94年まで9年間で8度リーグ制覇した森・西武だが、その後95年・96年と優勝を逃した。僕が当時インタビューしたとき、清原は「すごく大変です」と胸中を吐露していたのが印象深い。

村上宗隆（ヤクルト）は、打席に入ると野武士的ともいえる独特な空気感をかもし出す選手だ。２０１９年に小川淳司監督、20年に高津臣吾監督が全試合出場させた経験が生きて、21年は村上を軸に見事に優勝を成し遂げた。

ヤクルトの本塁打王は、伝統的に外国人選手だった。日本人本塁打王というと１９５５年の町田行彦さん、57年の佐藤孝夫さんまでさかのぼらなければならない。２０１５年に山田哲人が本塁打王を獲得しているが、トリプルスリーも達成しているし、どちらかといえば三番打者タイプだ。

山田という素晴らしい先輩と、メジャー帰りの青木宣親という精神的な柱がいることで、村上は四番ながらチームの負の部分を背負わなくていい。理想的な環境のなかで、四番としての村上が成長してきていると思う。もう1～2年やったら、負の部分を背負える実力になるだろう。２０２１年には、清原の記録を破る史上最年少通算１００本塁打も達成し、初の本塁打王を獲得した。この数年が非常に大切になってくる。

その意味でも、東京オリンピックで「絶対に負けられない野球」を経験し、しかも金メダルを獲得したのはとてつもない価値があった。チームが勝つための野球とは何か、深く理解したことだろう。今後の村上の野球人生に大きなプラスになったはずだ。

僕からしたら「四番・サード」ということで親近感がわいている、岡本和真、大山悠輔、佐藤輝明と村上で今後、本塁打王を争っていってくれたらと思う。

パ・リーグは三番打者が最強？

２０２１年のパ・リーグ首位打者は吉田正尚（・３３９、オリックス）、４位が柳田悠岐（ソフトバンク）、５位が近藤健介（日本ハム）だった。全員が東京オリンピック・侍ジャパンのメンバーだ。

柳田は三振こそ多いが、打率は高く、本塁打も打てて、盗塁もできる。

2021年パ・リーグの主力打者（太字はリーグ最高）

球団		試合	安打	四球	打率	本塁打	打点	三振
オリックス	吉田正尚	110	132	58	**.339**	21	72	26
ロッテ	安田尚憲	115	85	43	.242	8	55	82
楽天	浅村栄斗	**143**	130	**101**	.269	18	67	96
ソフトバンク	柳田悠岐	141	155	69	.300	28	80	122
日本ハム	近藤健介	133	133	88	.298	11	69	84
西武	山川穂高	110	83	43	.232	24	66	101

近藤は選球眼がよくて四球が多い。2019年・20年と2年連続で最高出塁率のタイトルを獲得している。

2年連続の首位打者に輝いた吉田は、強振するのに、四球のわりに三振が少ないことで有名だ。

3人ともタイプ的には四番打者というよりも、出塁が多い三番打者タイプだ。

浅村栄斗（楽天）はチャンスに強く、打点王2度・本塁打王1度。三番にも四番にも座る。

山川穂高（西武）は、2018年・19年と2年連続本塁打王。チームには本塁打王6度、通算満塁本塁打22本（プロ野球記録）を含む通算400本塁打達成の中村剛也もいる。

安田尚憲（ロッテ）は、高3春のセンバツ甲子園準優勝、履正社高出身の左打ちの三塁手だ。「東の清宮幸太郎（早実高↓日本ハム）、西の安田」と並び称された。村上とも同級である。ドラフト会議ではソフトバンク・阪神・ロッテの1位指名が競合した。２０２０年に井口資仁監督の大抜擢を受けて四番に座った、発展途上のプロ４年目だ。

高卒の新人打者が即戦力になれない理由

２０２１年は投手を含め、とくに大卒・社会人出身新人の当たり年であった。

・佐藤輝明内野手（兵庫・仁川学院高↓近大↓阪神ドラフト1位）
……新人左打者最多本塁打（24本）
・牧秀悟内野手（長野・松本第一高↓中大↓ＤｅＮＡドラフト2位）
……セ・リーグ新人最多二塁打記録（35本）、新人初のサイクルヒット達成
・中野拓夢内野手（日大山形高↓東北福祉大↓三菱自動車岡崎↓阪神ドラフト6位）
……新人でショート定位置奪取、盗塁王獲得

・栗林良吏投手（愛知黎明高→名城大→トヨタ自動車→広島ドラフト1位）
……新人開幕連続無失点記録（22試合）、新人最多タイ37セーブ
・早川隆久投手（千葉・木更津総合高→早大→楽天ドラフト1位）
……ペナントレース前半戦で7勝
・伊藤大海投手（北海道・駒大苫小牧高→苫小牧駒大→日本ハムドラフト1位）
……パ・リーグ新人唯一の2ケタ勝利、東京オリンピック代表選出

高卒の新人打者がなぜ即戦力になれないのだろうか。

これは「四番打者育成論」にも関連する。傑出した高校球児がプロで即戦力となり得ない大きな理由として、「金属バットの弊害」が挙げられる。

かつては高校野球でも木製バットが使用されていたが、折れやすく頻繁に買い替える必要があり、経済的でないとして1974年に金属バットが導入された。

ちなみに、大学野球ではずっと木製バットを使用しているので、佐藤はプロに早めに対応できている。

プロでは「球を引きつけてインサイドアウトで打て」と言われるが、高校生の金属バットの場合、ミートポイントは本来より少し前に置く。なぜなら、まだバットスイングにヘッドスピードがないので、プロに比べたら振る力がなく、引きつけて打ったら詰まってしまうからだ。

また金属バットは、芯の幅が木のバットの倍近くある。折れないし、反発力があるので、外回りしても対応できる。ウエイトトレーニングをして、そこそこのパワーがあれば、打球は外野手の頭を越える。

つまり、高校野球の「アウトサイドイン（ドアスイング）」の打ち方が染みついてしまうと、プロのインサイドアウトにうまく移行できないのだ。根尾昂（中日）も、金属バットのような感覚で木のバットを振っているように見受けられた。

中西太・村上宗隆の2年目を比較する

「最近の高校野球のレベル自体が落ちたのではないか」とも言われる。

プロ2年目の打撃成績（太字はリーグ最高）

			試合	安打	打率	本塁打	打点	三振	盗塁
中西 太	1953年	西鉄	**120**	**146**	.314	**36**	**86**	52	36
村上宗隆	2019年	ヤクルト	**143**	118	.231	36	96	184	5

たしかに中西太さん（西鉄）は「怪童」のニックネームにふさわしく、高卒1年目は新人王、プロ2年目から4年連続本塁打王を獲得した。

プロ2年目の中西さんと村上宗隆（ヤクルト）の成績を比較してみよう。

2019年に村上が「同じ高卒2年目に中西太の打点記録を更新した」とマスコミが大きく騒いだが、比較するにはそれこそ大いに言葉足らずである。

1953年に中西さんは36本塁打を放ったが、同年の大映はチーム本塁打が30本であり、近鉄は31本だった。現代でいえば、ひとりで100本塁打ぐらい打った感覚である。中西さんの突出した打棒がわかるというものだ。

しかも、1953年の中西さんは本塁打王に加えてリーグ最多安打と打点王、さらにトリプルスリーを達成している。ケタが違うのだ。

しかし、「最近の高校野球のレベルが落ちた」とは一概に言えない見方もある。1965年のドラフト制導入前、高卒新人打者が「新人王」を獲得したのは中西さん、豊田泰光さん（西鉄）、榎本喜八さん（毎日）、張本勲さん（東映）の4人だけなのだ。しかも、ドラフト制導入以降の「高卒1年目の打者新人王」は清原和博（西武）と立浪和義（中日）以降、途絶えている。いうなれば、この2人が特別だった。

「金属バットを使うのは試合のときだけで、練習では竹バットや木製バットで打っていました。チャンスのときほどインコースの球でも、投手の足元に強い打球を返すことを心がけていました」

清原はこう語っている。つまり、高校時代からインサイドアウトを実践していたのだ。

清原は高卒プロ1年目に31本塁打を放った。この記録はいまも破られていない。

伸び悩む甲子園のスターたち

現在、大阪・浪速高の硬式野球部監督を務めている遠山昭治（阪神）は、次のように語る。

「高校野球は、強い学校があれば弱い学校もあります。レベルの幅が広いので、高校時代にすごい通算成績を残したのに、その額面どおりの活躍をプロでできないのはそのためです。それこそ私は高校時代、ノーヒットノーラン11度を含む通算69勝3敗、35本塁打を含む打率・４４０でした」

思えば、野村克也監督もスカウトに同じことを言っていた。

「ホームランを何本打っていようが関係ない。他人より速く走る、遠くに投げる、遠くに飛ばす。俊足・強肩・長打力の『天賦の才』を持った選手をスカウトしてきてくれ」

清宮は高校史上最多の通算１１１本塁打をマークし、１９９５年の福留孝介（ＰＬ学園高）に並ぶ高校生最多７球団がドラフト１位で競合した。

高卒プロ１年目の７本塁打は、１９５９年の王貞治さん（早実高→巨人）に並ぶ歴代９位。ちなみに、１９９３年に石川・星稜高から巨人にドラフト１位で入団した松井秀喜は11本で６位だ。

しかし、清宮の打撃フォームはトップの時点の構えが大きすぎて、動きが止まらず、とにかく強振しようとしているような印象を受けた。金属バットならそれでも対応できるが、木は芯が狭いので難しい。本人としても「こんなはずじゃない」という思いがあるようだ。自分から変わろうという気持ちが必要になるだろう。

根尾はタイプ的に40本塁打を狙う打者ではない。自分がどういう役割においてプロで生きていくか、方向性を早く自覚して決めなくてはならないのだ。

来るべき民主主義

小平市都道328号線と近代政治哲学の諸問題

國分功一郎

6刷

半世紀も前に作られた道路計画を見直してほしいという住民の声が、行政に届かない。こんな社会がなぜ「民主主義」と呼ばれるのか？　そこには、近代政治哲学の単純にして重大な欠陥がひそんでいた——。「この問題に応えられなければ、自分がやっている学問は嘘だ」と住民運動に飛び込んだ気鋭の哲学者が、実践と深い思索をとおして描き出す、新しい社会の構想。

●858円

AV女優消滅

セックス労働から逃げ出す女たち

中村淳彦

かつては暴力団とのつながりも強かったAV業界だが、90年代後半から体質改善が進み、健全なビジネスに変貌を遂げたかに見えた。しかし、2016年3月、女性団体が、AVへの出演を強要された女性たちの存在を発表。AV女優の過酷な労働環境が表面化した。東京オリンピックを控えた今、当局はAVへの取り締まりを強化する方針だ。AV業界をめぐる衝撃ルポ。

●902円

宇宙は何でできているのか

素粒子物理学で解く宇宙の謎

村山　斉

33.6万部!

物質を作る最小単位の粒子である素粒子。誕生直後の宇宙は、素粒子がバラバラに飛び交う火の玉だった。だから素粒子のことが分かれば宇宙の成り立ちが分かるし、逆に宇宙の現象の観測から素粒子の謎も明らかになる。素粒子物理学の基本をやさしく解説しながら、「宇宙はどう始まったのか」「私たちはなぜ存在するのか」「宇宙はこれからどうなるのか」という人類永遠の疑問に挑む。

●880円

第3章　ミスター・タイガースの条件

「ミスター」の称号を冠する強打者

「ミスター」の称号が冠せられた強打者、そして強烈なプライドを持っていた打者の通算成績を挙げてみた。

ミスターと呼ばれる方たちは、「チームを勝たせる」こと、「優勝に導く」ことが大きな仕事だと思う。だから「ミスター」と呼ばれた選手は多くは存在しない。

優勝というものを経験して、「初めて知る野球」がある。いろいろなことが報われる。春季キャンプなどで、「なぜこんな練習するんだろう。無駄ではないか？」と思いながら練習したことが実は何度もあった。しかし、いざ優勝してみると「あの練習はやっぱり必要だったな」と納得できる。四番打者の役割も同じこと。四番に座って、初めて知る野球があるのだ。

ＯＮはいまさら説明の必要もない。「3代目ミスター・タイガース」田淵幸一さんは後述するとしよう。

掛布雅之が認める強打者

		試合	安打	打率	本塁打	打点
王 貞治	巨人	2831	2786	.301	868	2170
長嶋茂雄	巨人	2186	2471	.305	444	1522
田淵幸一	阪神	1739	1532	.260	474	1135
山本浩二	広島	2284	2339	.290	536	1475
有藤通世	ロッテ	2063	2057	.282	348	1061
前田智徳	広島	2188	2119	.302	295	1112

「ミスター・赤ヘル」山本浩二さんは、僕が四番を打った時代、タイトルを争ったライバルチームの強打者だ。球団創設初優勝を含む広島5度の優勝の原動力となり、首位打者1度、本塁打王4度、打点王3度に輝いた。

「ミスター・ロッテ」有藤通世さんは、田淵さん・山本さんと同じ「華の1968年ドラフト」でプロ入りし、74年、中軸として日本一に貢献。三塁手のベストナイン10度はパ・リーグ歴代1位だ。

僕より16歳も下だが、前田智徳（広島）も職人的なところがある。内野安打なんて打ちたくなくて、「いいヒット」「いいホームラン」を打ちたい。以前、野球解説で一緒になったときに言われたものだ。

「掛布さんがいけないんです。22、23歳で30本もホームラン打つから。僕もやっぱり打たなければいけない、と。いまのような体を休めながらのトレーニング法がない時代ですから、僕の場合は30本打つために体重を増やしたんです。その結果が1995年のアキレス腱断裂につながった」

だが、バッティングを追求して通算2000安打を達成。球史を代表するバットマンたちも前田を次のように絶賛する。

「(1999年当時) 現時点での日本球界に天才打者は、イチローと前田。理想の打撃フォームを持つ前田。フォームを真似していいのはあいつだけ」(落合博満)

「自分のことを天才だと言う人がいますが、あの人にはかなわない。本当の天才は前田さんです」(イチロー)

「日本でいちばんいい打者ではないか。広角に打てるし、勝負強くてすごみがある」(松井秀喜)

ミスター・タイガースの系譜

「ミスター・タイガース」は、藤村富美男さん、村山実さん、田淵幸一さん、そして僕が4代目だ。

初代ミスター・タイガース 藤村富美男

・1916年生まれ、広島県出身。173センチ・79キロ。右投げ右打ち
・呉港中→大阪タイガース／阪神（1936年〜38年、43年〜56年、58年）
・通算17年：1558試合1694安打、打率・300、224本塁打1126打点
・首位打者1度、本塁打王3度、打点王5度、最多安打2度
・MVP1度、ベストナイン6度、オールスターゲーム5度
・主な記録：サイクルヒット2度

旧制・呉港中の出身。鶴岡一人さんのいた広島商を退け、甲子園に6度出場。吉田正男さん（中京商）、沢村栄治さん（京都商）と名勝負を繰り広げる。甲子園の申し子と呼ばれ、1934年夏は川上哲治さんがいた熊本工を破り、全国制覇を果たす。35年夏の1試合19奪三振は、2012年に松井裕樹（神奈川・桐光学園高→楽天）が22三振を奪うまで、77年間破られなかった。

１９３６年に始まった日本職業野球連盟でタイガースの開幕投手で完封勝利。また初代本塁打王に輝く。

戦後、１９４６年は投手として13勝。赤バットの川上哲治さん（巨人）、青バットの大下弘さん（セネタース）に対抗して、「物干し竿」と呼ばれた38インチ（約97センチ）のバットで本塁打を量産、１９４９年に46本塁打を放った。チームが6位だったにもかかわらず、MVPに選ばれ、「ミスター・タイガース」と呼ばれるようになる。１９４７年に三塁手で初のベストナイン受賞。１９３６年生まれ、11歳だった長嶋茂雄さんは「藤村に憧れて三塁手になった」と公言している。

１９５０年、2リーグ分立。若林忠志さん、別当薫さん、土井垣武さんが毎日オリオンズに引き抜かれたが、「ワシはタイガースの藤村じゃ」と残留した。

１９５１年は「四番・投手」。１９４６年、55年〜56年はプレーイング・マネージャー（選手兼任監督）。１９５８年を最後に引退。背番号10は永久欠番となった。

１９７７年は俳優として『新・必殺仕置人』にレギュラー出演。武器は物干し竿だった。

2代目ミスター・タイガース 村山実

・1936年生まれ、兵庫県出身。175センチ・83キロ。右投げ右打ち
・住友工高→関大→阪神（1959年〜72年）
・通算14年：509試合222勝147敗、防御率2・09
・最多勝2度、最優秀防御率3度、最優秀勝率1度、最多奪三振2度
・沢村賞3度、MVP1度、ベストナイン3度、オールスターゲーム8度
・主な記録：最優秀防御率0・98（1970年）

村山実さんのプロ契約金は、巨人が2000万円を提示したのに対し、阪神は500万円だったという。それでも「東京の人間に負けたくない」と阪神を選んだ。

洗練されていた村山さんは、野球漫画『巨人の星』の星飛雄馬のライバル・花形満のモデルになったそうだ。

10点リードしていても手抜きなしの全力投球。荒い息づかいと悲壮感を漂わせながら

走った金メダリストの名前からとって「ザトペック投法」と呼ばれた。

本来のスリークォーターからスライダーフォーク、サイドスローからシュートフォーク、オーバースローから真っすぐ落とすフォーク。「三段投法」できれいに投げ分けた。

プロ1年目の1959年、1歳上の長嶋茂雄さん（巨人）にサヨナラ本塁打を浴び、「あれはファウルや！」と食い下がったのは有名な話だ。

そこから始まった村山VS長嶋のライバル物語あってこそ、「伝統の阪神―巨人戦」が彩られた。

3代目ミスター・タイガース 田淵幸一

・1946年生まれ、東京都出身。186センチ・90キロ。右投げ右打ち
・法政一高↓法大↓阪神（1969年〜78年）↓西武（79年〜84年）
・通算16年：1739試合1532安打、打率・260、474本塁打1135打点
・本塁打王1度
・ベストナイン5度、ゴールデングラブ賞2度、オールスターゲーム11度、新人王

・主な記録：4打数連続本塁打

田淵幸一さんは、「華のドラフト1968年組」で、鳴り物入りで阪神に入団した。強肩・強打の即戦力捕手としてすぐにレギュラーに定着。盗塁企図58、盗塁刺31、盗塁阻止率・534。22本塁打を放ち、捕手として初の新人王を獲得。

1975年には王貞治さんの14年連続本塁打王を阻止して、初タイトルを獲得。「3代目ミスター・タイガース」の称号を手に入れた。

「チーム不振の責任を背負い、非難を一身に受け止めるのもミスター・タイガースの役割だ」と田淵さんは言う。

阪神在籍10年、四番打者としての出場数812試合（チーム歴代3位）、248本塁打（チーム歴代1位）、577打点（チーム歴代3位）と、「3代目ミスター・タイガース」と呼ぶにふさわしい成績だ。

チームが打てなくても、勝てなくても、敗戦の責任をすべて背負い込んでくれた。人柄的にも、あんなにおおらかでいい人はいない。

西武で四番打者として日本一を経験。通算474本塁打。長嶋茂雄さんを上回った。

ミスター・タイガースの条件

僕も僭越《せんえつ》ながら「4代目ミスター・タイガース」と呼んでもらった。そんなことから僕なりに「ミスター・タイガース」を定義してみた。

1・孤高に耐えうる精神力を持っていること
2・タイトルを複数回獲得していること
3・試合に出続けていること
4・相手チームの四番とエースからリスペクトされること
5・チームリーダーとして優勝を経験していること

1・孤高に耐えうる精神力を持っていること

思えば、僕は誰よりも球場に遅く行って、誰よりも早く球場を出た。これは僕なりのポリシーだ。四番打者が死に物狂いで練習している姿を若手に見せたら窮屈だ。マスコミに見せるのも打てなかったときの言い訳になる。

そのぶん、帰宅してから自分なりのトレーニングを課したのだ。スイング、ティー打撃。就寝前は自分の本塁打のビデオを20分観るイメージトレーニングは欠かさなかった。客観的に映像を観ると、打っているのは僕なんだけど僕じゃないような気がした。それを自分のものにするべく、頭の中にイメージを焼きつけるのだ。

「番記者」がつくことも多い四番には、マスコミへの対応も求められる。

いまのようにSNSやYouTubeでファンと直接やりとりなどできない時代、僕らとファンとの間には必ずマスコミがいた。僕らがマスコミにしゃべることは、ファンに対するメッセージだ。これは絶対に忘れてはいけないという気持ちがあった。

しかし、関西のマスコミは、たとえば選手が「あいうえお」という順序で話した場合、記者が記事を書くうえで必要な部分だけ切り取って書くことがある。A社は「い」という記事ができあがり、B社は「え」という記事ができあがる。場合によっては正反対の記事が書けてしまうのだ。前後の脈絡がないので、読者の誤解を生むこともある。

しかも、「監督番」「主力〇〇選手番」という番記者がいる。

野村克也さんが「関西のマスコミは、勝てば官軍、負ければ賊軍」と言うように、関西のマスコミからのプレッシャーは関東とは比べものにならないほど、すごいものがある。

変な記事が出たとき、とあるコーチが「あまりにひどい。マスコミ取材をボイコットしよう」と言ったが、僕は「プロ野球はマスコミのおかげでここまで盛り上がっている。なんでそこまで怖がるんですか。取材拒否は絶対にいけません」と反対した。

これはかつて、「掛布番」記者3、4人と飲みにいったときの会話である。

掛布　「二冠王獲得記念パーティーのとき、僕はタキシードを着て400人のお客様を出迎えていたわけです。なのに、あなたたちといったらヨレヨレのシャツ、ボロボロのジーンズ。それで『20分取材の時間を作ってくれ』って、失礼でしょう。そんな時間があったら僕はお客様にあいさつに行くよ」

記者「スーツは動きづらいし、取材もしづらい。われわれがスーツを着るのは、『野球の元旦』の開幕戦と日本シリーズだけだ」

掛布「それからね、あなたたち批判記事を書いたとき、ちゃんと自分の名前を出す署名記事にしなさいよ。それぐらい文責とプライドを持ちなさいよ。僕がマスコミに全部さらけ出してるんだから、あなたたちも誰が書いたか、さらけ出しなさい」

記者「おまえはいいよな。野球の記録を見せるだけで、残してきた実績が子どもに一目瞭然だ」

掛布「あなたたちだって、自分の書きためた直筆原稿があるでしょう。ビジネスホテルの部屋から持ってきたような安ボールペンで書くからダメなんですよ。大切な1本の万年筆で原稿用紙のマス目を丹誠込めて埋めなさいよ。きっと子どもに気持ちは伝わりますよ」

マスコミと誠心誠意、言葉と気持ちのキャッチボールをした。

僕が現役を辞めるとき、関西スポーツ5紙の「掛布番」の代表幹事が言ってきた。

「ちょっと話がある」

「なんだよ、最後の最後まで、また変な記事書くのか？」

「おまえのマスコミに対する協力でどれだけ助けられたか。現役引退にあたって、われわれが掛布を招待したい。1泊で温泉でも行かないか。会費は（背番号の）3万1000円ね」

最後にプレゼントを手渡された。

「これ、われわれの気持ちだ。掛布もこれからマスコミサイドの人間として記事を書くだろう」

いただいた万年筆には、「掛布と8人の仲間たち」と文字が彫ってあった。

野球は9人だ。いまだに年1回は食事会をしている。選手個人だけを取材する「掛布番」がついたのも、「四番の勲章」だと感謝している。

2・タイトルを複数回獲得していること

僕は1974年にプロ入りしたのだが、75年〜77年は山内一弘さん、79年〜81年は中西太さんと球史に残る大打者の薫陶を受けたことは、バッティングの血となり肉となった。

重心のかけ方として、そもそも日本野球の打法は「山内式」と「中西式」の2つに大別されるといわれる。山内式は、後ろ側の足を軸にして体を回転させるオーソドックスな「軸足打法」。中西式は、テニスのように体重を後ろ側の足から前側の足に移動させる「体重移動打法」だ。

代表的な「山内式」の打者は野村克也さん、落合博満さん、松井秀喜、松中信彦（ソフトバンク）、和田一浩（西武ほか）、中村剛也（西武）ら。一方の「中西式」は、若松勉さん（ヤクルト）、原辰徳（巨人）、古田敦也（ヤクルト）、イチローらだ。

●「シュート打ちの名人」山内一弘さん

・1932年生まれ、愛知県出身。175センチ・77キロ。右投げ右打ち

・起工高↓川島紡績↓毎日／大毎（1952年〜63年）↓阪神（64年〜67年）↓広島

（68年〜70年）

・通算19年：２２３５試合２２７１安打、打率・２９５、３９６本塁打１２８６打点
・首位打者1度、本塁打王2度、打点王４度
・ＭＶＰ1度、ベストナイン10度、オールスターゲーム16度
・主な記録：通算３００本塁打（史上初）

内角球の打ち方として、内角高め速球やシュートに詰まっても、ミートの瞬間、軸足をクルリと回転させ、（右打者の場合）左ヒジを突き出すようにして詰まった力を外に逃してやると、バットはそのまま振り切れる。

振り切れれば打球は伸びてフェンスを越える。スタンド最前列でもホームランに変わりはない。フェンス近くまで飛べば二塁打になる。山内さんは「シュート打ちの名人」の異名を取り、通算二塁打記録保持者だった。

山内さんは、田宮謙次郎さん、榎本喜八さん、葛城隆雄さんらとともに大毎ミサイル

打線の中核を担った。リーグ優勝の１９６０年はＭＶＰに輝いた。

１９６３年オフ、それまでに20勝４度の小山正明さん（阪神）を交換相手に「世紀のトレード」が成立。１９６４年、阪神をリーグ優勝に導いた。

１９６８年に広島に移籍し、打率・３１３はＯＮに次ぐ３位。広島は球団創設19年目で初のＡクラス（セ・リーグ３位）入り、自身も通算10度目のベストナイン受賞。

当時の山内さんの指導を受けたのが山本浩二さん（１９７５年首位打者）、水谷実雄さん（78年首位打者）、高橋慶彦（80年最多安打）。バットのグリップを持つ両腕をグルグル回転させ、リラックスして投球を待つ打撃フォームは、みな山内さんにそっくりだ。山内さんは「教え魔」としても知られ、当時の野球選手名鑑には「趣味：コーチ」とあった。教え始めたら止まらない「かっぱえびせん」のニックネームもある。

●「怪童」中西太さん

・１９３３年生まれ、香川県出身。１７４センチ・93キロ。右投げ右打ち
・高松一高↓西鉄（１９５２年〜69年）

・通算18年：1388試合1262安打、打率・307、244本塁打785打点
・首位打者2度、本塁打王5度、打点王3度、最多安打2度
・MVP1度、ベストナイン7度、新人王、球宴7度
・主な記録：トリプルスリー（1953年）。53年36本（大映30本・近鉄31本）、54年31本（近鉄27本）と、個人本塁打がチーム本塁打を上回る

普通、振り遅れないように内角高め速球を意識しておいて、外角低め変化球がきたらワンテンポ遅らせてバットを出す。しかし、そうすると外角低め変化球に泳がされる可能性が高い。だから中西さんはその逆で、外角低め変化球を意識しておいて、内角高め速球がきたら腰の回転で投球を払う。慣れれば内角高め速球がきても反応できるようになる。

ほかにも「投球の内側からバットを出すインサイドアウト」「反対方向に引っ張る意識で投球を強く叩く」教えがある。「守り専門」だった宮本慎也（ヤクルト）が中西さんの教えで通算2000安打をマークしたのは有名な話だ。

「怪童」と呼ばれた中西さんは戦後、打球が飛ばない「投高打低」の時代に革命をもたらした。高卒1年目は新人王、プロ2年目の1953年から4年連続本塁打王。

1953年、全120試合出場で146安打、打率・314、36本塁打86打点、36盗塁でトリプルスリーを達成した。

1956年～58年、西鉄は日本シリーズで3年連続して巨人をくだす。三原脩監督のもと、「神様」稲尾和久さん（シーズン42勝）、そして豊田泰光さん（首位打者1度）、大下弘さん（首位打者3度、本塁打王3度）らとともに「流線型打線」で打棒をふるった。

「ショートがジャンプした打球がスタンド入りした」という逸話を残すほど、飛距離と打球スピードはケタ違いだったらしい。

山内さんが合宿にいる頃は、もうつきっきりで1時間ぐらいスイングさせられるのが当たり前だった。語弊があったらご容赦願いたいが、もうモルモットのように、いろんなことをさせられた。３００球、４００球打って「疲れてもうバットを振れない」となったとき、力が抜けて、いちばん楽な形でバットのヘッドを走らせる振り方になる。

そのあとに中西さんが阪神に入ってきて、「いいよ、いいよ、それなんだよ」と長嶋さんのような指導で引っ張ってもらって、１９７９年に48本で本塁打王、82年には本塁打王と打点王を手中に収めることができた。

当時は、１９７７年から81年まで5年連続40本・１００打点の山本浩二さん（広島）との激しいツバ迫り合いをしていた。僕は１９８２年に2度目、84年に3度目の本塁打王に輝き、フロックではないことを証明したのである。

3・試合に出続けていること

同じ時代に同じサードを守った衣笠祥雄さん（広島）に言われた。

「おまえ、いい格好しすぎるよ。四番としてファンの前ですべての野球をさらけ出しなさい。ホームランを打つだけが野球じゃない。ぶざまな姿を見せてもいいんだよ。三振することもエラーすることも野球じゃないか。それが阪神の四番の本来の姿なんじゃないか」

すなわち、それは「全部の試合に出なさい」ということだ。どんなに不調でも、マスコミの前で堂々と胸を張っていなくてはならない。チームの負の部分を背負える四番でなければいけない、と。

1975年まで阪神に在籍し、南海を経て、79年に広島でMVPを受賞した江夏豊さんが衣笠さんのことを言っていた。

「チームメイトになったとき、『何をやらしても、コイツはなんて不器用なんだろう』と思った。サードの守備、二番打者でのバント、フルスイングしたらバットと投球がこんなに離れている。ただひとつ言えたのは、野球をこよなく愛している。試合で失敗しても、人一倍練習してまた試合に臨む。その姿勢が素晴らしい。野球が好きでなければ、2130試合連続出場（当時）なんて、できるはずがない。いまではサチは、オレのかけがえのない親友だ」

優勝した1985年、僕の打率は結果的にちょうど3割だった。最終戦の巨人戦はバースの55号がかかっていたので、ほとんど敬遠で僕に回ってくる。4打数2安打か、5打数2安打すれば3割で終わる。もう優勝も決まっていたし、吉田監督に「代わるか？休むか？」と打診された。

そのとき、大先輩の野村収さんに諭された。

「カケ、おまえは3割打つだとか打たないとか、そういうレベルの選手じゃないだろ。ファンの前に常にグラウンドに出て野球をやらなければいけない選手なんだよ。だから絶対、休んじゃダメだ。最後まで出なさい」

すごく重たい言葉で、うれしかった。四番としてのみずからの存在を再確認できたときでもあった。

試合に出続けるためには、四番は守備でも一流でなければならない。27個目のアウトを取るときにグラウンドにいる選手が本当のレギュラーだと僕は思っていた。守りが大丈夫であれば、負けていれば代打を出されることはあるが、勝っていれば代えられることはない。

守備面では、守備コーチの安藤統男さんに徹底した基礎を叩き込まれた。サードのレギュラー争いをしていた同期のドラフト1位・佐野仙好さんとともにノックの雨を浴びた。キャンプ中に1人３００球を３度。

シーズンに入っても、毎試合前に50分のノック。僕は疲れ果てて、スタメンで出ない日は試合中にダグアウトで居眠りしてしまったことが何度かあったくらいだ。

安藤コーチからは、「佐野と掛布は、グラブからボールを引き出すのが遅いから、試合中でもグラブとボールを持って、ずっとこうやって出し入れしていなさい」と言われていた。

佐野さんは、「カケは本当によくやっていたよな。オレはそれができなかった。その差だ。だからオレは外野にコンバートされた」とよく言っていた。一見、誰にでもできることが、実はいちばん難しいことなのだ。

レギュラーになってからも試合前のノックは続いた。１９７９年、ブレイザー監督になったとき、安藤コーチとこんな会話があったそうだ。

「掛布がヘトヘトになるまでノックをするな。意味がない」

「掛布はそういうなかで自分の野球のリズムを作っていくタイプ。やらせてください」

四番として、できれば全イニングに出るぐらいのこだわりを常に持っていた。結果、僕は1981年から85年まで、5年連続全1３０試合出場を果たしている。

以下は僕が選ぶ歴代ベストナインだ。「球史を代表する各ポジションの中核、四番打者」と言ってもいいのではないか。みんなたくさん試合に出ている。

二塁・高木守道さん（中日）のバックトスはすごかった。僕らが上から投げるようなスピードの送球が二塁へ向かっていく。

遊撃・吉田義男さん（阪神）は、僕のプロ2年目・1975年から監督に就任した。よくショートの守備に入って、身ぶり手ぶりの指導をしていた。その年のゴールデングラブ賞の藤田平さんの動きと遜色なかった。当時、藤田さん28歳、吉田さんは42歳だ。

吉田さんはよく広岡達朗さんと比較されるが、広岡さんは包み込むような捕球で、吉

掛布雅之が選ぶベストナイン(現役選手は2021年時点のデータ)

位置		球団	試合	安打	打率	本塁打	打点	盗塁
捕手	野村克也	南海	3017	2901	.277	657	1988	
一塁	王　貞治	巨人	2831	2786	.301	868	2170	
二塁	高木守道	中日	2282	2274	.272	236	813	369
三塁	長嶋茂雄	巨人	2186	2471	.305	444	1522	
遊撃	吉田義男	阪神	2007	1864	.267	66	434	350
	坂本勇人	巨人	1902	2118	.291	261	911	
外野	福本　豊	阪急	2401	2543	.291	208	884	1065
	松井秀喜	巨人	2504	2643	.293	507	1649	
	山本浩二	広島	2284	2339	.290	536	1475	
	柳田悠岐	ソフトバンク	1138	1259	.319	214	691	

田さんは超攻撃的な守備。まさに「牛若丸」で、打球にグラブをぶつけていく。僕の守備のお手本は吉田さんだ。

4・相手チームの四番とエースからリスペクトされること

「阪神の四番」というのは、東京の巨人に対抗する大阪の象徴という意味も持つ。昔はとくにそういう傾向が強かった。

年間300万人を超える観客、とくに甲子園での巨人戦は5万人のファンが入る。だから、われわれの時代の阪神―巨人戦は甲子園球場全体が殺気立っていた。何かのはずみで、あちこちで殴り合っていたように思う。巨人戦が終わったあとの医務室は、血だらけのファンが数人ではきかなかった。

１９７４年を最後に「ミスター・ジャイアンツ」長嶋茂雄さんが引退した。甲子園最後の試合、長嶋さんは一塁まで走ったあと、ダイヤモンドを横切らずに一塁側の阪神ダグアウト前を通って、バックネット前を通って、三塁側の巨人ダグアウトに戻っていった。

そのときに一塁側の阪神ファンからスタンディング・オベーションが巻き起こった。あれだけ目の敵にして野次り倒していた「巨人の四番」の引退を、阪神ファンが涙を流して見守っていた。阪神—巨人の伝統の戦いは、長嶋さんの存在あってこそとわかっていたのだ。

「長嶋、長嶋、ありがとう！」

思わず鳥肌が立った。長嶋さんと現役生活が1年重なったのは僕にとって僥倖《ぎょうこう》だった。野球の神様が引き合わせてくれたのかもしれない。

「いつの日か、ああいう選手にならなければいけない」

田淵さんと会うと、よく笑い話をする。長嶋さんとは違う意味で、田淵さんと僕が阪神ファンにいちばん野次られた。でも僕が辞めるとき、甲子園の5万人の阪神ファンが涙してくれた。そして他チームのファンも引退を惜しんでくれた。

「掛布、辞めるな、夢をありがとう」と。

やっぱりファンの方に育ててもらった「四番」「ミスター・タイガース」なのかもしれない。

5・チームリーダーとして優勝を経験していること

これは先述した、1985年の日本一のときのコメントを再掲させていただく。

「ウチには日本一の四番打者がいる」（吉田義男監督）

「カケのおかげで三冠王が獲れた。打順が逆なら、カケが三冠王だっただろう」（バース）

「カケが犠牲になって、いろいろ背負ってきてくれた。カケを胴上げしないで、どうする」（川藤幸三）

「チームリーダーとして優勝を経験している」ということは、逆に言えば、「チームの敗戦を背負える」ということでもある。

阪神タイガースの歴代ベストナイン

さきほど歴代ベストナインを挙げたが、ここではタイガースのベストナインを考えてみたい。

ピッチャーはやっぱり江夏豊さん。田淵幸一さんとの黄金バッテリーだ。

一塁は三冠王のバース。三塁は僕……と言いたいところだが、やはり初代「ミスター・タイガース」の藤村富美男さん。ここまでは決まりだ。二塁は昔だと鎌田実さんもすごかったので難しいが、打つ・守るのバランスを考えると岡田彰布のほかにいないだろう。ショートは鳥谷敬もいるが、吉田義男さんは外せない。

外野も難しい。バッティングを考えると、レフトは生え抜きではないが金本知憲。マートンもいいが、センターは赤星憲広、ライトが真弓明信さんだ。

打順は、一番・赤星から始まり、真弓さんが八番というすごい打線だ。

掛布雅之が選ぶ阪神タイガースのベストナイン

1	(中)赤星憲広	【投手陣】	
2	(遊)吉田義男	先発	江夏 豊
3	(一)バース		村山 実
4	(三)藤村富美男		小山正明
5	(捕)田淵幸一		井川 慶
6	(左)金本知憲	中継ぎ	ウィリアムス
7	(二)岡田彰布		久保田智之
8	(右)真弓明信	抑え	藤川球児
9	(投)江夏 豊		

ブルペンは「JFK」。藤川球児を抑えに持っていく。ウィリアムス、久保田智之、球児の継投だ。

先発は江夏さんと村山実さんの二枚看板。これに尽きるだろう。そして小山正明さん。井川慶はギリギリ入れてもいいだろうか。

江夏さんが本当にすごかったときの話だ。1968年、シーズン401奪三振の年に、藤田平さんが言っていた。「江夏が先発するときは、1点取ったらもう勝ったと思った。守っていても打球が飛んでこないんだ」

とんでもなく速くて、コントロールが抜群だった。江夏さんといえばアウトローだ。初球は右バッターの外角低めギリギリに投げて、そこからボール半個分ずつ外していく。ストライクゾーンを広げていって、3球で見逃し三振だ。

受ける田淵さんは、ミットが動くと怒られたそうだ。

フルカウントになったら、バッターがいちばん好きなコースからボール1個分だけ外したボール球を投げていた。すると絶対に振るという。ストライクを投げる必要すらなかったのだ。

168センチ・65キロからの本塁打王

僕は二軍監督時代に、春季キャンプ突入前、若手選手たちにこう話しかけた。

「これから希望に満ちた野球が始まるというのに、申し訳ない。この1年が終わったら、このなかに必ず何人かクビになる選手がいる。いいじゃないか。それがプロの世界だ。ただ、そのときに自分に言い訳をしたり、他人のせいには絶対にするな。最後に悔いを残さずユニフォームを脱げるような一年にしてもらいたい」

すると若い選手が言った。

「掛布監督は特別です。高卒1年目のオープン戦、東尾修さん（太平洋）からいきなり4打数2安打、次の試合でも4打数4安打したんですよね」

僕は反論した。

「なんでオレが特別なんだ？　オレ、テスト生で入ったんだよ。そのとき168センチ・65キロだったんだよ。自分がやってきたことしかできないだろう。そうしたらヒットを打ってしまっただけだ。でも、自分に負けない努力はしたよ。だって、辞めるときに悔いを残したくなかったから」

思い起こせば高3夏の千葉県大会、「身長170センチ」で登録した覚えがある。実際は168センチだった。体重は65キロ。それがプロ入り最終年には「175センチ・77キロ」とプロ野球選手名鑑に記されている。

ここ最近、岡本和真（巨人）や村上宗隆（ヤクルト）を見ていると、恵まれた体から放たれた打球がピンポン球のようにスタンドまで飛んでいくのがうらやましい。

野球の硬式球の直径は約7・4センチ。ボール半個分で勝負するプロ野球だから、身長3、4センチ違えばかなりハンデがある。

メジャーリーグにはアルトゥーベ（アストロズ）のように168センチ・75キロと小柄でも全身がバネのような身体能力を持ち、シーズン200安打・20本塁打をマークする選手もいる。しかし、その数字も3〜4年でストップした。体に対する負荷がどこかにかかるのだろう。

小柄な僕が本塁打王を争うということは、現在の日本球界でわかりやすく言えば、175センチ・80キロと同じく小柄な青木宣親（ヤクルト）がシーズン40本塁打を打つようなイメージである。青木は通算打率日本歴代1位（2020年まで・325）だが、20本塁打以上したのは2007年の一度しかない。

打球の飛ばし方は、田淵さんのバッティングを参考にした。軽く振って、上空へと舞い上がる。滞空時間が恐ろしく長い。田淵さんは生来のホームラン打者であり、アーティストだ。

球にスピンをかけているから浮上して、外野に落ちないどころか、浜風に乗ってスタンドインする。それを見たとき、投球に「スピンをかける」ことが、打球を飛ばすためにすごく大切なんだと実感できた。

僕はスポンジのボールを打つことで、「投球の下にバットを入れてスピンをかけ、30度くらいの角度で上げる」感覚をつかむことを思いついた。現在でいえば「フライボール革命」だ。少し硬めのスポンジのボールをスポーツメーカーにお願いして200個作ってもらい、自宅のガレージで毎日1時間、嫌というほど打った。逆にいえば、自分に負けない努力をすれば結果は出るという証明でもあった。

ひとりに強くなれ

こう言うと「いまの若い者は……」とか立身出世物語になってしまいそうだが、僕は野球をあきらめるためにプロに入った。

大学や社会人野球に進み、プロ入りできない不完全燃焼のまま好きな野球を辞めるより、最高峰のプロに入って「力及ばなかった」と辞めるほうが納得がいく。そのとき、プロ野球人生に一片の悔いも残したくなかった。

僕の親父は自主性を重んじる人だったので、その影響を受けているのかもしれない。親父には「バットを振れ」とか「ランニングをしろ」と言われたことは一度もなかった。自主的にやるのがいちばんいいが、親父は千葉商高の体育教員を務めていた時期があった。自主的にやるのがいちばんいいが、全然やらないよりは、強制的にでもやらせたほうがいい。人の見ているところでしかやらない選手は、見ていてあげる。やらないより、やったほうがいいに決まっているのだ。

「ひとりに強くなりなさい」と僕は若手選手に伝えた。

野球はチームスポーツだが、打席に入ったとき、守備位置についたとき、すべてひとりでやらなければいけない。誰も助けてくれない。

だからチームメイトと一緒にやる練習も大切だが、10分でいいから自分ひとりで自分の野球を考えて、きょうの反省と、あしたに向かう準備の時間をひとりで作りなさい。

ひとりに強くならなければ、一軍で生きていけるような選手にはならない。

言い換えれば、エースや四番打者でなかろうと、ボールを握る瞬間、打席に立った瞬間はそこに観衆の目が集まる。誰もが主役になれるのだ。

僕はタイガースの寮・虎風荘にいるとき、とにかくひとりでバットを振ったし、とんでもない数の球を捕った。

夕食後、武庫川の河川敷の松林を走ったり、阪神電車の明るい高架下で壁当てをしたり……。とにかく自主練習、準備を継続した。

小柄なテスト生の僕が、どうやって「ミスター・タイガース」になるバッティングを覚えたか。それは素振りだ。

素振りでは、自分が100パーセントの主導権を握って振ることができる。しかし、試合でそんなスイングはほとんどできない。つまり、素振りでも試合を想定したスイングをしなければならないのだ。「こうやって打てば、あのボールは打てたかもしれない」「崩されたら、こう対応すればいいのか」……そのなかで、いろいろと感じ、気づくことができる。素振りのなかで自分から「崩れる」ことを覚えるのだ。

バッティングにはある意味、崩れる勇気が必要だ。投手に崩されるのではなく、自分から崩す勇気だ。自分の素振りを崩しながら、試合でさまざまなボールに対応できるよう、自分のスイングを作り上げていった。

悔いなく辞めるために

僕は球種を読んで打つタイプではないし、内角・外角のコースで張るタイプでもない。基本的には速いストレートを待って、変化球に対応するタイプだ。相手ピッチャーによっては変化球を待ってストレートをファウルにしたり、コースで待ったりすることもある。

たとえば、3ボールからでもフォークボールを投げてくるピッチャーがいる。この場合、バッター優位のカウントになったときは変化球を投げる確率のほうが高いので、変化球を待ってストレート対応に変えることもある。ここで甘いストレートを投げられて見逃しても、「しまった」という顔は絶対にしない。これが駆け引きというものだ。

僕のバッティング技術は、すべてスイングのなかで作っていった。タイミングを取るときのツーステップにしてもそう。早くタイミングを作ったほうがいいのか、投手の足の上げ方でタイミングを崩されないためにツーステップのほうがいいのか……。当時ツーステップはダメといわれていたが、試行錯誤の末、あのバッティングフォームになった。

バッティングピッチャーが投げるにしても、同じ球なんて一球もあるはずがない。それに対応するということは、目でとらえた瞬間に体が反応して、素振りとは違うスイングをするということだ。つまり、素振りのスイングと、バッティング練習と、試合が一本の線でつながっていかないといけないのだ。

とにかく、結果は氷山の一角だ。水面下の見えない準備を怠らなかった。

テレビで見た長嶋さんや王さんと、グラウンドという同じ時空でもっと野球をやりたいと思った。それなら何をしなきゃいけないのかといえば、練習しかない。「悔いなく辞めたい」ことと、「一軍で野球を続ける」ことは、同義なのである。

僕は33歳で現役を引退した。周囲からよく「もったいない」と言われるが、悔いなく辞めるために頑張っていたんだから、少しでも悔いがあったら現役を続けていたと思う。

僕は野球人生に満足している。教え子たちにもそうなってほしかったのだ。

ひとりに強くなるうえで、「自分を知る」ことも大切だ。

たとえばゴルフのクラブが14本あれば、パターを持つ人に「ドライバーのように300ヤード飛ばせ」は無理な話だ。逆に、ドライバーを持つ人に「パターのように沈めろ」も無理だ。自分が14本のなかでどの役割をすることによってプロで生きていくか、自分で探さなくてはならない。

高校のときドライバーを持っている人が、プロに入って7番アイアンに持ち替えるというのは難しいと思う。

僕は知らず知らずのうちに、その7番アイアンぐらいから、だんだんドライバーを持つようになり、2種類ぐらいのクラブを持って野球ができるような選手になっていったのだ。

第4章

ライバル巨人とタイガース

江川とのトレードで入団した小林繁さんの言葉

野球自体もそうだが、チームの戦力というのは、時代によって刻々と変化する。1985年の日本一の野球を毎シーズンできるわけがない。野球自体やチームの戦力が変化していくなかで、どうやって勝つかが、阪神に限らず各チームの命題になるわけだ。

1979年、阪神に前年ドラフト1位指名された江川卓が、当時のコミッショナーの「強い要望」によって、巨人選手との交換トレードとなった。相手は巨人のエース・小林繁さんだ。

阪神のミーティングに初参加した小林さんは開口一番、こう言った。

「巨人には伝統があるけれど、阪神には伝統がない」

打者では藤村富美男さん、吉田義男さん、田淵幸一さん、藤田平さん、投手では小山正明さん、村山実さん、江夏豊さんらが築いてきた歴史をないがしろにされたようで、僕は内心、憤慨して誓った。

「絶対、この人だけには負けまい」

事実、このシーズンは自己最多48本で本塁打王を獲得している。

しかし、いみじくもあの言葉こそ阪神が強くなるヒントを言い当てていたのだ。

そして、巨人にいちばん負けたくないのは小林さん自身だった。

小林さんは1976年・77年と連続18勝を挙げ、長嶋・巨人の初優勝・2連覇の原動力となった。翌1978年も13勝。押しも押されもせぬ巨人のエースだった。しかし、簡単にトレードされてしまったのである。小林さんの胸中はいかばかりだったか。

1979年、「阪神・小林」はライバル巨人に8連勝を含む22勝。最多勝と沢村賞に輝いた。「巨人だけには絶対負けない」――サイドスローながら帽子を飛ばしての熱投には、サードを守っている僕から見て鬼気迫るものを感じた。

あの言葉は、「オレは頑張る。阪神ナインも新しい伝統を築いていけ！」と僕たちに発奮を促していたのだ。

巨人は本当にライバルなのか

僕はユニフォームを脱いでから、中畑清さん、同い年の江川卓、原辰徳監督に聞いたことがある。異口同音に語っていた。

「V9の伝統に恥じない野球をする。毎シーズン、常に優勝をめざすんだ」

V9を達成した1973年から、およそ50年の歳月が流れた。巨人は2016年から18年、広島にリーグ3連覇を許した。優勝の十字架を背負う球界の盟主・巨人にしてみれば、4連覇を許したら昭和50年代の広島4度の優勝（1975年・79年・80年・84年）をも上回る屈辱だ。2019年、3度目の指揮を任せられた原辰徳監督の強い決意を感じる言葉を、またしても耳にした。

「掛布さん、なりふりかまわず、広島の4連覇を阻止します。もう、巨人の伝統も何もないんです。格好なんかつけていられません」

シーズンに突入すると、いきなり坂本勇人にバントさせたこともあった。言葉どおりペナントを奪回、翌2020年も続けてリーグを制した。そのがむしゃらな姿勢こそが「伝統」だった。

優勝にかける巨人選手の思いは、取材するプロ野球記者も折に触れて口にする。

「巨人の選手だけは常に優勝をめざしている。駆け出しの選手であっても、自分が優勝に貢献するという意識が浸透している。取材をしていてひしひしと感じる」

阪神選手にその気概と反骨心はあるのか。「伝統の阪神―巨人戦」と言うけれど、阪神が優勝したのは1リーグ時代に4度、2リーグ制になってからは1962年、64年、85年、2003年、05年の5度だけなのだ。近年に限っていえば、中日と広島に抜かれている。

前身のチームを含んだセ・リーグ各球団の優勝回数は、巨人47、阪神9、中日9、広島9、ヤクルト8、横浜2だ。巨人は川上哲治監督がV9、原辰徳監督も3次政権計14シーズンで実に9度優勝している。中日は星野仙一監督が2度、落合博満監督が「守り勝つ野球」で8年間に4度優勝。広島は古葉竹識監督が昭和50年代に4度、2016年から緒方考市監督が3連覇した。ヤクルトは野村克也監督の「ID野球」で9年間に4度リーグ制覇を果たしている。

1973年、歴史を変えた阪神―巨人戦

阪神は、ライバルと並び称された巨人に1965年から73年まで9連覇を許しているのだから、決して「ライバル」とは言えない。

巨人のV9時代は、オールスターゲームまでは阪神が1〜2ゲーム差でトップだったが、終わってみたら3〜4ゲーム差離されて最後は2位。そんなシーズンが実に5度もあった。

極めつきは1973年。10月20日、阪神は優勝に王手をかけた名古屋での中日戦に、エース・江夏豊さんで敗れた。天下分け目の関ヶ原よろしく、勝ったほうが優勝となる22日、甲子園での阪神―巨人戦でも敗れ、巨人はV9を達成。阪神はまたしても巨人の後塵を拝する。

当時巨人の捕手だった森祇晶さんが、このときのことを述懐していた。

> (前略) 2日前の10月20日。優勝に王手をかけていた阪神は、名古屋で中日と戦っていました。

我々巨人ナインは、新幹線で大阪への移動日。ちょうど試合中に球場の後ろを通過しました。阪神は勝って優勝を決めると思ってましたが、スコアボードを見たら負けていました。

さらに驚いたのは、この試合で阪神の先発は、ローテーションを変更して、中日に相性の良い上田（次朗）ではなく、江夏を起用していた。これは私の推測ですが、阪神はエースの江夏に優勝の花を持たせたかったのかも、と思いました。

先発が入れ替わり、我々との最終戦は上田が先発でした。正直、楽な気持ちになった理由はこれでした。気負うことなく、甲子園に乗り込み、特に苦手意識のなかった上田を1回から打ちまくりました。私もあの試合は3安打しました。

こちらは（高橋）一三が完封。優勝の懸かった試合が、9－0のワンサイドゲームとなり、怒ったお客さんが試合後、グラウンドになだれ込んできました。

いつもなら試合後はマウンドに駆け寄って投手やナインと握手するのですが、慌ててベンチに戻りました。

もしあの試合、先発が江夏だったらどうだったか…。巨人の歴史がどうなっていたか、分かりませんね。

忘れられない一戦です。

（日刊スポーツ、2021年5月15日）

いや、阪神の歴史も変わっていただろう。王・長嶋のONがいた巨人の9連覇を、阪神の「黄金バッテリー」江夏豊・田淵幸一が止めていれば……。

結局、巨人のV10を阻んだのは中日だった。

そして高く険しい巨人の牙城を崩したのは広島だった。昭和50（1975）年・54年・55年・59年と優勝し、「広島時代」を築き上げたのだ。

1986年、連覇を逃した責任

当然、僕も巨人を意識した。「巨人を倒してくれ！」という阪神ファンの強い気持ちも感じていた。とくに甲子園球場の阪神－巨人戦は特別な舞台で、燃えるものがあった。甲子園の阪神ファンのみなさんが声援と応援であと押ししてくれた。

当時、僕と同年代の巨人の投手には江川と西本聖がいた。田淵さんも僕も「巨人戦シーズン2ケタ本塁打」を目標にしていて、田淵さんは2度、僕は3度達成した。

先述の森さんは「阪神は特別な相手だった」と語っていたし、王貞治さんでさえ、「甲子園でやる阪神3連戦は精神的に疲弊する」と話していた。

バース・掛布・岡田の「バックスクリーン3連発」に象徴される昭和60（1985）年の優勝。「60年代こそ阪神の時代」だと、僕ら阪神ナインも吉田義男監督も意気込んだが、優勝翌年は僕もケガをしたりして、連覇できなかった。連覇していたら、阪神の歴史は変わっていたに違いない。

1986年以降、2003年に優勝を遂げる前年まで、17年間で実に10度の最下位。Aクラスは2度しかなかった。

誤解を恐れずあえて言うなら、やはり江夏豊・田淵幸一という阪神投打の二枚看板にも責任はあると思う。彼らは最後まで縦縞のユニフォームを着て辞められなかった。これは球団だけの責任ではない。

そして「巨人戦シーズン2ケタ本塁打」（計3度）を打つなかでチームの優勝を目標

にしていた僕も33歳で現役を引退した。僕にも責任は当然ある。

チームの巨人、個の阪神

巨人の「ミスター」は長嶋さんだけ。阪神は複数存在する。

すなわち歴史的に、巨人は「チーム力」で戦ってきた。阪神は「個の力」を中心に戦ってきた。その違いでことごとく叩きのめされてきた。

繰り返しになるが、僕は阪神二軍監督時代、「ひとりに強くなれ」とよく言った。

自分がうまくなるための練習時間を作って、なんだかんだ言っても、自分自身でのし上がらなきゃ、誰も手助けはしてくれない。

個の力を強くする。小さな個の集まりよりも、大きな個の集まりのほうが強いのは当たり前だ。

「ミスター・ラグビー」と称されたラグビー元日本代表選手／監督の平尾誠二さんが、こんなことを言っていた。

「個人のスキルを上げろ。小さな点みたいな個を集めたって、小さな個にしかならない。

レベルの高い個が集まれば、大きな個ができる」

一方、巨人はチームを活性化するために、他球団から戦力を大補強するイメージが強い。

2018年まで阪神のオーナーだった坂井信也さんと一緒に阪神－巨人戦を見たときに、オーナーからすごく面白いことを言われた。

「掛布さん見てくださいよ。巨人のスタメン、4人がドラフト1位ですわ。阿部慎之助（2000年）、坂本勇人（06年）、小林誠司（13年）、岡本和真（14年）。阪神のドラフト1位は4人いますけど、全部ベンチですよ」

巨人は大補強もするけれど、なんだかんだ言って、「生え抜き」が中心なのだ。

阪神ドラフト上位の打者は育っているか

1965年のドラフト制導入以降の55年間、阪神のドラフト1位・2位で打撃3部門のタイトルを獲得したのは、藤田平（65年ドラフト2位、81年首位打者）、田淵幸一

（68年ドラフト1位、75年本塁打王）、今岡誠（96年ドラフト1位、2003年首位打者・05年打点王）のわずか3人しかいない。

参考までに、同じく阪神のドラフト1位・2位で最優秀防御率、最多勝、最多奪三振、最優秀勝率、救援のタイトルを獲得したのは、江夏豊（1966年ドラフト1位）、山本和行（71年ドラフト1位）、中西清起（83年ドラフト1位）、井川慶（97年ドラフト2位）、藤川球児（98年ドラフト1位）、安藤優也（2001年ドラフト1位）、能見篤史（04年ドラフト2位）、藤浪晋太郎（12年ドラフト1位）の8人だ。

今後、阪神も生え抜きを軸としたチームに変わらなくてはならない。現状では、大山悠輔（2016年ドラフト1位）、近本光司（18年ドラフト1位）、井上広大（19年ドラフト2位）、佐藤輝明（20年ドラフト1位）の4人を打線の核としたチーム編成になるのではないだろうか。

歴代四番打者の成績比較

四番300試合以上打者の成績
（現役選手は2021年時点／＊は他球団から移籍）

●阪神：11人	試合	安打	本塁打	打点	打率
藤村富美男	1070	1288	194	874	.311
藤本勝巳	518	496	65	268	.266
遠井吾郎	525	508	56	247	.276
〈ドラフト制以降〉					
田淵幸一	812	778	248	577	.273
掛布雅之	800	840	188	553	.290
岡田彰布	316	289	52	176	.250
オマリー*	387	433	57	247	.317
桧山進次郎	301	286	37	168	.253
金本知憲*	921	1002	187	655	.292
新井貴浩*	318	348	36	218	.280
ゴメス*	306	312	45	191	.276

●巨人：10人	試合	安打	本塁打	打点	打率
中島治康	410	467	34	266	.283
川上哲治	1658	2034	162	1129	.317
長嶋茂雄	1460	1694	314	1075	.314
王 貞治	1231	1258	392	1009	.315
〈ドラフト制以降〉					
原 辰徳	1066	1009	255	729	.279
落合博満*	331	335	48	199	.292
松井秀喜	470	535	138	349	.322
阿部慎之助	505	514	97	343	.287
ラミレス*	511	610	139	407	.308
岡本和真	488	498	124	366	.271

阪神、巨人とも四番をトレードや外国人選手に依存している部分もある。
２０２1年現在、四番を経験したのは、阪神が歴代１０７人、巨人が歴代90人いる。うち、「四番３００試合」以上は、阪神11人、巨人10人だ。
さらに、「ドラフト制以降の生え抜き四番打者」は阪神４人、巨人４人と同数である。

なぜ阪神では四番が育たないのか？

僕以降、「阪神には生え抜き四番打者が出てこない」と言われるが、いま一度、阪神・巨人の新人王や注目選手が、打撃３部門タイトル獲得者に育っているかを、歴史から検証してみる。

巨人では新人王に輝いた原辰徳（打点王）や長野久義（首位打者）が順調に育ち、打撃３部門のタイトルを獲得。

高卒野手は新人王こそ獲らずとも、松井秀喜が長嶋監督の「四番１０００日計画」によって、プロ６年目の１９９８年に初めて本塁打・打点の二冠を手にした。

1979年以降、阪神・巨人の日本人打者タイトル比較
（＊は他球団から移籍）

●新人王

阪神：岡田（1980）、久慈（1992）、赤星（2001）、高山（2016）
巨人：原（1981）、仁志（1996）、松本（2009）、長野（2010）

●首位打者

阪神：藤田（1981）、真弓（1983）、今岡（2003）
巨人：篠塚（1984・1987）、松井（2001）、長野（2011）、阿部（2012）、坂本（2016）

●本塁打王

阪神：掛布（1979・1982・1984）
巨人：松井（1998・2000・2002）、岡本（2020・2021）

●打点王

阪神：掛布（1982）、金本*（2004）、今岡（2005）、新井*（2011）
巨人：原（1983）、松井（1998・2000・2002）、阿部（2012）、岡本（2020・2021）

プロ2年目に原辰徳監督によってレギュラーに大抜擢された坂本勇人も、6年目の2012年に最多安打、10年目の16年に首位打者。いまや日本球界歴代ナンバーワン遊撃手といっても過言でない選手である。

岡本和真もプロ6年目に本塁打・打点の二冠を獲得した。奇しくも3人とも、高卒プロ6年目で一流選手に飛躍している。

一方、岡田彰布、新庄剛志は立派な四番打者だったが、残念ながらタイトル獲得には至らなかった。

久慈照嘉、今岡誠（首位打者、打点王）、赤星憲広（5年連続盗塁王）、鳥谷敬（最高

出塁率、１９３９試合連続出場、通算２０００安打）は四番打者タイプではない。

２０１６年に新人王を受賞した高山俊（日大三高→明大→15年ドラフト1位）も打順は一番や三番。打率3割、首位打者を狙いながら本塁打も20本くらい打つというタイプだ。2年目に二番を任せられ、走者一塁で、一塁手がベースに張りついて広がった一・二塁間を狙って打つバッティングが求められた。

どちらかというと、ショートの頭上に打つようなバットの軌道を持っている。バットコントロールが天才的なだけに、器用すぎることが欠点でもある。ボール球でも当ててヒットにできてしまうのだ。すると、どうしてもバットのヘッドが体から離れ、バッティングのリズムが崩れてしまう。

一度バランスを崩すと、元に戻すのが難しい。もっと大きく育て切らなくてはいけなかったかもしれない。

巨人・岡本和真が体現する新たな四番打者像

ならば、阪神と巨人の違いはどこにあるのか。なぜ、巨人は四番が育つのか？

高橋由伸は監督最終３年目の２０１８年、プロ４年目の岡本和真をレギュラーに定着させ、第89代・巨人四番打者としてもデビュー。その２０１８年から４年連続30本塁打90打点を達成している。

巨人には川上哲治さん、長嶋茂雄さん、王貞治さん、原辰徳、松井秀喜、阿部慎之助ら連綿と続く巨人の四番打者の系譜がある。

岡本は、史上20人しかいない通算４００本塁打・阿部慎之助の四番打者像も直接見て、四番のプライドをしっかりと胸に秘めている。岡本のこんなインタビューをスポーツニュースで見たことがある。

「歴代の松井秀喜さんのような四番にはなれないかもしれません。でもチームが勝ためなら、一死走者三塁で、わざと詰まったショートゴロで打点１でもいい。チームの勝利に貢献する、僕にしかできない四番打者像をめざすんです」

２０１９年・20年は原・巨人の２連覇に四番打者として貢献。２０２０年にはついに本塁打王と打点王を獲得した。巨人の日本人右打者の本塁打王は実に１９５８年・61年の長嶋茂雄さん以来だ。

歴代巨人の四番と同じく、チームを優勝させるために何をしなければいけないかを、もう岡本はわかっているようだ。泥くさい四番打者像を口にしたが、岡本は一発で試合の雰囲気を変えられる。立派の一語に尽きる。

阪神・大山悠輔が四番を打つ意味

大山悠輔は、２０１６年のドラフト1位で入ってプロ5年目。僕が２０１６年・17年に二軍監督を務めて、１年間指導した。２０１９年に全１４３試合に出場して自信を深め、20年は28本塁打85打点で四番らしい数字を残した。

２０２１年は規定打席到達打者中の最低打率で苦しむこともあったが、四番としての重圧を背負いながら野球をやっているのを十分感じ取れる。

「自分がある程度結果を残さないと、新人の（佐藤）テルがやりやすい環境じゃなくなる」と、新主将として率先して犠牲になっている。背中の張りで一時戦列を離れたが、復帰すると打線はすぐ「四番サード大山、六番ライト佐藤」のラインナップに戻った。

「四番の犠牲」と「四番のわがまま」は表裏一体だ。

仮に無死一・三塁で、二番打者なら「なぜ右方向に打たないんだ」と怒られるが、四番打者なら強打してショートゴロ併殺打でかまわない。四番の強打は相手に「怖さ」を与える。

２０２０年、大山は併殺打がリーグ3位の15個あった。しかし、打点も岡本、村上に続くリーグ3位の85だ。

佐藤も今後、そういう「犠牲」と「わがまま」を考えていかなくてはいけない時期がくる。

２０２１年は大山が佐藤の「優勝時の四番」の手本となってもらいたかった。優勝はできなかったが、それは大山にとっても佐藤にとっても財産になったはずだ。僕も田淵幸一さんから「四番とはなんぞや」という所作を教わった。

２０１８年オフだったか19年オフだったか、福留孝介が契約更改交渉のあと、「四番・大山を助けられる五番打者じゃなくて、大山に申し訳なく思っている」と話した。さらに２０１９年を最後に鳥谷敬がチームを去り、20年を最後に福留もチームを去った。

大山がいま四番を打つことに関して僕たちはああでもない、こうでもないと言っているが、「前後を打つ手本となる強打者の存在」がないぶん、大山はすごく難しい野球をやっているはずだ。

佐藤がこれだけ打ったことによって、大山も逆にプレッシャーを背負っている。しかし、彼はそれをおくびにも出さない。

だから、大山の四番でチームが優勝するということが、将来的に打順は別にして、佐藤、大山、井上というクリーンアップに向けて、非常に大切になる。「四番・佐藤」のことを考えるのは、そのあとでいい。

「佐藤が5代目ミスター・タイガースになるために必要なことは？」とよくマスコミに訊かれるが、大山の四番を見た佐藤は、ゆっくりでも着実に階段を上っていくはずだ。

第5章

佐藤輝明は「5代目ミスター・タイガース」になれるか

傑出した修正力と対応力

この章では、「5代目ミスター・タイガース」候補の筆頭である佐藤輝明について、2021年シーズン前半戦を振り返りながら考察していきたい。

佐藤は阪神のお膝元・兵庫県西宮出身で、2020年ドラフト1位指名を受けた。まさに阪神タイガースの申し子である。

●佐藤輝明　1年目の主な出来事

- ・ソフトバンク、オリックス、巨人、阪神の4球団でドラフト競合
- ・オープン戦で好調も、宮城大弥（オリックス）の緩急に沈黙
- ・5月2日の広島戦、史上初の「新人四番初試合」満塁弾
- ・5月28日の西武戦で長嶋茂雄（巨人）以来63年ぶり新人1試合3発
- ・5月度MVP受賞。球団新人野手初。19試合22安打、打率・301、6本塁打19打点

・新人野手が『Number』（2021年7月1日号、文藝春秋）の表紙を飾るのは、1986年の清原和博（西武）、93年の松井秀喜（巨人）以来
・オールスターゲームのファン投票最終結果発表は、吉田正尚（オリックス）の約45万票に次ぐ両リーグ2位の約44万票。新人初のセ・リーグ最多得票で外野手部門に選出
・オールスターゲームで新人が本塁打を放つのは史上5人目（1969年阪神・田淵、80年阪神・岡田、86年西武・清原、2019年阪神・近本）
・8月19日のDeNA戦、田淵幸一の持つ球団新人本塁打記録22号を52年ぶりに更新する23号を三嶋一輝から放つ
・8月19日、チーム全90試合に出場し、94安打で打率・280（リーグ14位）
・9月9日、35打席連続無安打で打率・254。10日に一軍登録抹消
・9月23日、一軍再登録
・10月3日、リーグワーストとなる59打席連続無安打を記録
・10月24日の広島戦、約2か月ぶりとなる24号決勝3ランホームランを放つ

・シーズン173三振は歴代6位タイ

僕はキャンプ初日の佐藤の打撃練習を見たとき、正直「大丈夫だろうか」と心配していた。アッパースイングだったのだ。しかし、2日目はまったく別人のバッティングだった。レベルスイングに変わっていて、打球の角度も修正され、考えられないぐらいの飛距離を周囲に見せつけた。沖縄・宜野座のバックスクリーンを越えていくホームランを打ったのだ。

たった1日で問題点を「修正する能力」、初めてのプロ野球に「対応する能力」に驚いた。このとき、佐藤の潜在能力は清原和博や松井秀喜に匹敵すると感じた。さすが、ドラフト1位で4球団が競合するだけのことはある。

オープン戦で3試合連続を含む6本塁打は、1965年のドラフト制導入以後最多。あの長嶋茂雄さん（巨人）は7本塁打したが、3試合連続はできなかった。

キャンプやオープン戦の結果次第で、周囲の反応は180度変わってくるものだ。

「ドライチ（ドラフト1位）なのに、こんなものか」

結果が出ないと、自分の居場所を探すのが大変だ。自分が周囲に気を遣わなくてはいけなくなる。

それが、結果がともなうとどうなるか。

「さすがドライチの素材。少々のことには目をつぶり、大きく育てなくては」と、周囲が佐藤を気遣うようになるのだ。

「阪神のドラフト1位」としての自分の位置づけを、キャンプやオープン戦を通じて自分自身で作り上げた。だから、周囲にとやかく言われず、自分の野球を落ち着いてやれる。新人離れした立ち居振る舞い、十年選手顔負けのふてぶてしい雰囲気といわれるのは、ルーキー誰もが通る最初の戦いから勝ち取ったものなのだ。

グリップを下げ、小指をかけてレベルに振れる

東京オリンピックでペナントレース中断前の7月7日、チーム77試合時点で佐藤はシーズン20号に到達した。

プロ入り当初、バットのグリップから右手小指を外していた。しかし、いつの頃から

か、グリップに右手小指をかけるようになった。

グリップから小指を外すと、バットをめいっぱい長く持つことで遠心力が使える。そのぶん、スイング時にバットのヘッドが下がって、打ち損じる確率も高くなる。

グリップに小指をかけるようにしたことで、スイング時にバットのヘッドが下がらず、レベルスイングができるようになった。この「レベルに振る」ということが大事だ。よく「バットのヘッドを立てたままスイングしろ」と言われるが、実際問題、バットのヘッドを立てたままミートするなんてことはないのだから。

8月13日、ペナントレース後半戦が始まってから、バットを持つグリップの高さも少し下がった。

グリップを高く構えると、佐藤は187センチの長身で的が大きいから相手投手に攻める隙を見せるし、バットを振り下ろすときにブレが生じる。グリップの位置が下がったことにより、隙やブレはなくなったし、肩回りの余計な力も抜けた。

テークバックが小さくなり、バットが体に巻き付いて出ていくようになった。後ろ

（テークバック）が小さく、前（フォロースルー）が大きい。後ろが小さければミスも減る。

俗にいう「インサイドアウト」――グリップからバットを出して、そのグリップが先行して、そのあとにバットのヘッドがついていく。扇が開くようにバットのヘッドが返っていくのだ。

さらに、マン振り（フルスイング）しなくても、しっかりミートすれば、もともとスイングスピードとパワーがあるから飛距離は落ちないことが、前半戦20本塁打した経験値として感じ取ったのだろう。

その結果、前半戦、あれだけバットをバキバキ折って、「シーズン100本折るのでは」と話題になるぐらいだったが、その「バットを折る佐藤」を卒業したというわけだ。

だから、それも先述した修正力と対応力だ。アマチュア選手がプロ入りして成功できるか否かは、結局その力があるかないかだ。

たとえば、1年に東大に入学できるのは3000人。勉強の天才だ。一方、1年にプロ野球入りできる選手は100人弱。いうなれば、野球の天才だ。誰しもが突出した野球の技術を持っている。

しかし、「野球は失敗のスポーツ」ともいわれる。失敗に対応して軌道修正するフィードバックが大事なのだ。そうでなければうまくならない。フィードバックが優れる選手はドラフト下位指名であろうとプロで通用する。佐藤は好素材のドラフト1位、かつフィードバック能力がとてつもなく優れているわけだ。

強烈だった「四番初試合満塁弾」と「1試合3発」

印象深いホームランは、これまでにたくさんある。

まず3号。国吉佑樹（当時ＤｅＮＡ）から放った横浜スタジアム場外に消える140メートル本塁打。度肝を抜かれた。

4号は2020年新人王の森下暢仁（広島）から。初対戦の3月30日は森下のカーブに苦しめられて2三振を喫したが、そのカーブを打って雪辱を果たした。

8号は野村祐輔（広島）から、史上初の「新人四番初試合満塁弾」だった。矢野燿大監督は「四番打者への体験入部」と表現し、佐藤に過度なプレッシャーをかけまいとしていたが、満塁で打席が回るだけでも幸運を持っているのに、最高の結果を出して期待にこたえた。

11号、12号、13号はいずれも5月28日の西武戦。新人の1試合3発は、あの長嶋茂雄さん（巨人）以来63年ぶり、2リーグ制以降3人目の快挙だ。

11号は高橋光成のフォークボールを右手一本でセンターバックスクリーンに運んだ。開幕5連勝で「負けるまで髪を切らない」と先発マウンドに登った好調・高橋の「信じられない」という表情が印象的だった。13号はギャレットから勝ち越し3ラン。センター、レフト、ライトと3方向に打ち分けた。

16号は田中将大（楽天）から。マー君のウイニングショットともいえる内角ヒザ元のスライダーを、右ヒジをうまくたたんで振り抜いた。2020年まで日米通算177勝投手からの一発は、新ヒーロー誕生を予感させた。

18号は畠世周（巨人）。こすったような当たりだったが、甲子園球場のレフトフェンスギリギリ、ポール際に放り込んだ。

	方向	勝敗	
	センター	○	開幕2戦目、プロ5打席目。プロ初安打が本塁打。バックスクリーン直撃。「打った瞬間にいったと思いました。最高に気持ちよかった。これでプロとしての一歩目を踏み出すことができた」
	ライト	○	広島3連戦、2試合連続3三振のあとの一発。6試合23打数4安打、打率.174。13三振はリーグワースト。「抜けてきたチェンジアップをしっかり仕留めることができました。打てない悔しさを持っていましたし」
	右中間	○	7試合24打席ぶり。横浜スタジアム140m場外特大弾は、松井(巨人)、筒香(元DeNA)並み。「(飛距離が)十分だったので、ちょっとバットを投げちゃいました。しっかり当たればあそこまで飛ぶなというのはわかりました」
	右中間	○	森下との初対戦(3月30日)ではカーブに苦しめられ2三振。昨年からチーム4戦全敗の天敵に雪辱。打球角度26度。「もう、前の(対戦のイメージ)は消して。新しい感じで行きました」
	センター	○	前回3三振を喫した左腕からの一本。打球速度173キロ。DAZNから「バックスクリーン賞」100万円。「若干詰まってはいましたけどいくだろうなと。左ピッチャーからしっかり基本に忠実にセンター返しができた」
	右中間	○	前日はプロ初の猛打賞。この日は8戦ぶりの先制2ラン、DeNAの新人・牧の6号に並ぶ。「今日は風と仲良くなれました。(前日のロングティー練習の)感じがよかったので今日もやりました」
	ライト	●	昨年の沢村賞投手・大野から先制の一発も、チームは逆転負け。「チームの勝ちにつながる一本を打っていけるように頑張ります」
	ライト	○	矢野監督「四番は体験入部」。四番初試合新人が満塁弾はプロ野球初。三塁守備で好守。チームは貯金12に。「最高の結果を出すことができてよかった。(四番は)やっぱりチームの顔なので。信頼されている選手が四番だと思います」
	レフト	○	逆方向へ初アーチ。阪神新人左打者で初の2ケタ本塁打に王手。9本25打点はチームトップ。「打った瞬間はわからなかったですけど、入って追加点になったのでよかった」
	ライト	●	2度目の四番。ドラフト制後の新人最速となる33試合目での10号。村上・山田(ともにヤクルト)と並んだ。「しっかり自分のスイングを心がけて強く振り抜けた。ランナーがいる場面で打点を挙げるのがクリーンアップの仕事」
	センター	○	右手一本でフォークを拾い、バックスクリーンへ。打たれた高橋も驚きの表情。「早めに追い込まれてしまったので、回の先頭でしたし、粘って食らいついていった」

2021年 佐藤輝明 全本塁打

	日付	相手	投手	打順	イニング	走者	カウント	球種	コース
1	3月27日	ヤクルト	田口	6	1回表 二死	三塁	0-1	スライダー	真ん中 低め
2	4月1日	広島	中村祐	6	6回表 二死	なし	1-2	チェンジ アップ	ど真ん中
3	4月9日	DeNA	国吉	6	6回表 無死	なし	1-1	カット ボール	ど真ん中
4	4月14日	広島	森下	6	4回裏 無死	一塁	0-2	カーブ	真ん中 低め
5	4月15日	広島	床田	6	4回裏 無死	一塁	1-1	ストレート	内角 真ん中
6	4月25日	DeNA	阪口	6	2回裏 無死	一塁	1-2	カーブ	真ん中 高め
7	4月27日	中日	大野雄	6	2回表 二死	なし	1-1	フォーク	真ん中 高め
8	5月2日	広島	野村	4	5回裏 無死	満塁	2-2	チェンジ アップ	真ん中 低め
9	5月4日	ヤクルト	杉山	6	9回表 一死	なし	1-1	フォーク	外角
10	5月7日	DeNA	中川	4	4回表 無死	なし	2-2	ストレート	内角 高め
11	5月28日	西武	高橋	6	2回表 無死	なし	1-2	フォーク	外角 真ん中

	方向	勝敗	
	左中間	○	矢野監督「オレの生涯でも忘れることできひん試合の1つになるな」「チームが勝ったので、それがいちばんうれしいです」
	右中間		新人1試合3発は1958年の長嶋以来、63年ぶり3人目。阪神で1試合3本は掛布（23歳3か月）を抜く最年少。
	ライト	●	矢野監督「緩いボールを打つのも能力。初めて対戦するピッチャーから打つのは簡単じゃない」「速い球を待ちながら、しっかりと遅い球についていけた」
	右中間	●	3三振のあとの一発。矢野監督「ホームランバッターは三振も多い。その中で対応していけるところがあれば理想」「しっかり自分のスイングを心がけて、強く振ろうと思っていました」
	ライト	○	田中「投げミスではない。強いて言えばワンバウンドの低さにいきたかったが甘いボールじゃなかった。うまく打たれた」「自分の強いスイングをしてどれだけできるのかなと思って、今日はうまくいきました」
	右中間	●	巨人戦11試合目で初本塁打を放ち、セ・リーグ全球団制覇。試合は2-6で敗れ、2位巨人との差は7ゲーム差。「勝たないと意味がない。次は勝ちにつながるような試合で打ちたいです」
	レフト	●	巨人戦で2試合連続本塁打の新人は1999年の福留（中日）以来、阪神では初。「ちょっと打球が途中で失速していたので（スタンドに入るか）どうかと思った」
	センター	●	新人による19号は2010年の長野（巨人）以来19人目。左打者では1998年の高橋（巨人）と並ぶ最多タイ。「しっかり自分のスイングができました。同点に追いつけるホームランだったので、よかったかな」
	ライト	●	1946年、「青バット」の大下弘（セネタース）に並ぶ新人左打者最多の20号。初めて「阪神メダル」をかけられる。「ようやく自分もメダルをつけることができてうれしい」
	ライト	○	矢野監督「すごくうまく打てたなと。攻められるところを打てたというのが、もう1本（22号）のホームランにつながった」「あそこを攻められるのはわかっていますし、なんとか粘って、しっかりヒジを抜いて打つことができました」
	左中間		田淵「私とは右左も、ポジションも打者のタイプも違うけど、ずっと注目していた。35本、40本をめざしてほしい」「田淵さんという偉大な方の記録に並ぶことができたことはすごく光栄ですし、素直にうれしいです」
	レフト	●	新人23号は森徹（中日）に並ぶ外野手最多。矢野監督「逆方向やったけどテルらしく、打てたんじゃない」「記録（田淵の22本）を超えることができたのはしっかり自分のスイングをしてきた結果なので、すごくうれしい」
	ライト	○	二軍降格や59打席連続無安打を経て、約2か月ぶりの一発は決勝弾となった。「絶対に負けられない試合で、つないでチャンスの場面を作ってもらったので、最高のバッティングができてよかったです」

	日付	相手	投手	打順	イニング	走者	カウント	球種	コース
12	5月28日	西武	高橋	6	6回表 一死	なし	0-1	ストレート	内角 真ん中
13			ギャレット		9回表 二死	一・三塁	1-2	ストレート	外角高め
14	6月3日	オリックス	山崎福	6	2回裏 無死	なし	1-1	カーブ	真ん中 低め
15	6月6日	ソフトバンク	泉	6	9回裏 一死	なし	1-1	ツー シーム	内角 真ん中
16	6月12日	楽天	田中将	5	6回表 二死	なし	0-2	スライダー	内角低め
17	6月19日	巨人	戸郷	5	6回裏 二死	なし	3-2	スライダー	外角高め
18	6月20日	巨人	畠	5	6回裏 二死	なし	0-0	ストレート	外角低め
19	6月23日	中日	福谷	5	6回表 一死	なし	1-1	チェンジ アップ	外角低め
20	7月7日	ヤクルト	高梨	5	4回表 無死	一塁	0-1	フォーク	内角低め
21	8月17日	DeNA	濱口	5	3回表 一死	なし	1-2	ストレート	内角高め
22					6回表 無死	なし	1-1	ストレート	内角低め
23	8月19日	DeNA	三嶋	5	9回表 無死	なし	1-2	ストレート	外角低め
24	10月24日	広島	九里	7	2回表 一死	一・三塁	1-2	ストレート	内角 真ん中

6回・3打席目にホームランが集中する理由

2021年の佐藤のホームランの傾向として、「6回の3打席目、走者なし」が24本塁打のうち8本あった。

これは単なる偶然ではない。

先発投手は、1イニング15球としても、6回突入時点で70球〜80球になる。一番疲れる頃だ。

逆に、打者は1打席目、2打席目を経て、3打席目は球筋に目が慣れている。「走者なし」なら重圧もない。

投手の下降曲線と打者の上昇曲線がクロスし、交わるポイントが6回というわけだ。

僕の現役時代の大エース・江川卓（巨人）、次世代の斎藤雅樹（巨人）、最近でいえば田中将大（楽天）、菅野智之（巨人）……完投能力があって勝負どころでギアを上げられる投手はごくひと握りで、ほとんどの投手のスタミナが切れてくる。

だから守備側はリリーフを7回、8回、9回と投入する。100球をメドに、早ければ5回で交代する先発投手もいるくらいなのだ。

佐藤の打撃フォームをスロービデオで見てみた。投球を待つとき、右肩が捕手方向にあまり入りすぎないのがいいところだ。センターカメラから見て、「背番号8」が見えすぎるといけない。右肩がしっかり投手に向いている。投手側の肩は投球をつかまえにいくレーダーみたいなものなのだ。

スイング時に頭が前後にスウェーしないのもいい。僕は175センチで体が小さかったので、「前↓後↓前」と体重移動を多少して反動を使わないと打球を遠くに飛ばせなかった。佐藤の187センチの恵まれた体をもってすれば、スウェーしなくても、その場の軸回転だけで当たれば飛んでいく。

右足の踏み込みもしっかりしているし、その右足をカベとしての蹴り返し、軸になる左足が蹴り返すパワーもある。両方の足の力が合わさって一瞬で体が回転する。上体だけでなく、下半身主導で打っているから、あの飛距離が出る。逆にいえば、そうでなければ、あそこまでは飛ばない。

三塁カメラ方向から見て、ズボンのベルトがほぼ真横だ。すなわちレベルスイングができている証だ。

「佐藤は動体視力が優れていて、投球をギリギリまで呼び込めるのではないか」

プロ野球のカメラマンが、望遠レンズでとらえた佐藤の本塁打の写真を20枚持ってきてそう言った。本塁打の写真ばかり集めて持ってきているので、いい打撃フォームで打っているのは当たり前。しかし、カメラマンは引かない。

「ホームランの写真でも、眼がミートポイントよりかなり先に行っちゃって、格好わるくて新聞に使えない打者は多いんです。しかし、佐藤の眼はミートポイントの球に行っている」

ある眼鏡メーカーがプロ野球選手の動体視力を計測したら、動体視力と成績には明らかな相関関係が出ていたそうだ。当然、動体視力が優れている選手は好成績を残している。

そういう意味では、カメラマンの話もあながち荒唐無稽ではなく、佐藤は動体視力がかなりいいのかもしれない。

左の長距離打者が少ないのはなぜか

佐藤は、1998年の高橋由伸（巨人）19本、1946年「青バット」の大下弘さん（セネタース）20本を抜く、新人左打者の歴代最多本塁打をマークした。

プロ1年目に18本塁打以上した選手の約半数が新人王を受賞し、即戦力プレイヤーから、打撃タイトルを獲得する名選手に飛躍を遂げている。

佐藤にも大きな期待が寄せられるところだが、注目すべきは、18本塁打以上の新人で左打ちは過去わずか2人だけという点だ。

読者のみなさんは、大下弘さんといってもピンとこないだろう。

1922（大正12）年生まれ。台湾・高雄商から明大に進み、46年セネタース（現・日本ハム）入団。

戦後、「赤バットの川上哲治（巨人）」「青バットの大下弘（セネタース）」「物干し竿

18本塁打以上の新人（*は左打ち）

	本塁打		球団	位置	獲得タイトル
1959	31	桑田 武	大洋	三塁	新人王、本塁打王1、打点王1、最多安打1
1986	31	清原和博	西武	一塁	新人王
1958	29	長嶋茂雄	巨人	三塁	新人王、首位打者6、本塁打王2、打点王5、最多安打10
1953	27	豊田泰光	西鉄	遊撃	新人王、首位打者1
1949	26	大岡虎雄	大映	一塁	
2003	25	村田修一	横浜	二塁	本塁打王2
2021	24	佐藤輝明*	阪神	外野	
1958	23	森 徹	中日	外野	本塁打王1、打点王1
1950	22	深見安博	西鉄	一塁	本塁打王1
1969	22	田淵幸一	阪神	捕手	新人王、本塁打王1
1981	22	原 辰徳	巨人	三塁	新人王、打点王1
1990	22	石井浩郎	近鉄	一塁	打点王1、最多安打1
2021	22	牧 秀悟	DeNA	二塁	
1950	21	樋笠一夫	広島	外野	
1950	21	戸倉勝城	毎日	外野	
1969	21	有藤通世	ロッテ	三塁	新人王、首位打者1
1981	21	石毛宏典	西武	遊撃	新人王
1946	20	大下 弘*	セネタース	外野	首位打者3、本塁打王3、最多安打1
1998	19	高橋由伸*	巨人	外野	
2010	19	長野久義	巨人	外野	新人王、首位打者1、最多安打1
1980	18	岡田彰布	阪神	三塁	新人王
1985	18	広沢克己	ヤクルト	一塁	打点王2
1999	18	二岡智宏	巨人	遊撃	

バットの藤村富美男（阪神）」は本塁打を量産し、終戦直後のプロ野球ブームを代表する人気強打者であった。

1952年に西鉄に移籍し、豊田泰光さん・中西太さん・大下弘さんらで「西鉄流線型打線」を形成。56年から3年連続してセ・リーグの覇者巨人をくだし、日本一3連覇を達成した。

現役引退後は1961年阪急（現・オリックス）・68年東映（現・日本ハム）・74年大洋（現・DeNA）でコーチ・監督を歴任。僕はこの大洋時代にあいさつをかわしたぐらいである。

高橋由伸（巨人）は、天才的なバットコントロールで2015年まで現役を続け、16年から3年間巨人軍監督を務めた。

とはいえ、その由伸からもほぼ四半世紀ぶり。いかに「新人左打者の本塁打量産」が難しいかがわかる。では、なぜ左打者の本塁打量産が難しいのか。

たとえば、ボクサーがKOするパンチは後ろ側の手。後ろから前へ「押し込む力」は強い。すなわち野球も本来の長距離打者は「右投げ右打ち」「左投げ左打ち」なのであ

通算本塁打ランキング（左投げ・左打ち）

順位	本塁打			位置	獲得タイトル
1	868	王 貞治	巨人	一塁	首位打者5、本塁打王15、打点王13
3	567	門田博光	ダイエー	外野	本塁打王3、打点王2
7	504	張本 勲	ロッテ	外野	首位打者7、新人王
13	464	ローズ	オリックス	外野	本塁打王4、打点王3
30	352	松中信彦	ソフトバンク	一塁	首位打者2、本塁打王2、打点王3
33	347	加藤英司	南海	一塁	首位打者2、打点王3
53	277	大豊泰昭	中日	一塁	本塁打王1、打点王1
55	273	谷沢健一	中日	一塁	首位打者2、新人王
62	261	稲葉篤紀	日本ハム	外野	首位打者1
68	246	榎本喜八	西鉄	一塁	首位打者2、新人王

る。

「右投げ・左打ち」のホームランバッターが増えてきた

日米最高の通算本塁打を誇るのは、言わずと知れた王貞治さん（巨人）の868号だ。僕より上の世代は「左投げ左打ち」の長距離打者が多かった。

だが、近代野球においては、守備では守るポジションが多い「右投げ」が有利、バッティングでは一塁が近い「左打ち」が有利。必然的に「右投げ左打ち」が増える。

かくいう僕も「右投げ左打ち」であるし、イチローも松井秀喜も大谷翔平もみな「右投

通算本塁打ランキング（右投げ・左打ち／*は現役）

順位	本塁打			位置	獲得タイトル
10	476	金本知憲	阪神	外野	打点王1
18	406	阿部慎之助	巨人	捕手	首位打者1、打点王1
25	378	小笠原道大	中日	一塁	首位打者2、本塁打王1、打点王1
31	349	掛布雅之	阪神	三塁	本塁打王3、打点王1
36	332	松井秀喜	巨人	外野	首位打者1、本塁打王3、打点王3
38	321	高橋由伸	巨人	外野	
45	295	前田智徳	広島	外野	
48	285	福留孝介*	中日	外野	首位打者2
50	283	レロン・リー	ロッテ	外野	首位打者1、本塁打王1、打点王1
51	282	藤井康雄	オリックス	外野	

げ左打ち」なのだ。

しかし、「右投げ左打ち」は本来「右利き」であり、打球をスタンドに運ぶには、ミートした瞬間、打球を「押し込む力」にいま一歩欠ける。

そういう理由で、日本の通算200本塁打以上打者で「左投げ左打ち」は、比較的最近では松中信彦（ソフトバンク）と稲葉篤紀（ヤクルト↓日本ハム）しかいない。

思えば、松井秀喜がメジャーに渡った当初、僕がインタビューしたときの話だ。

「3割を狙うの、30発を狙うの？」

「このヤンキースのメンバーのなかで僕のホ

ームランが必要ですか？　ただでさえ僕は右投げ左打ちで押し込む力が弱いし、本当の長距離打者ではありません。でも、本心は掛布さんのように、『レフト方向に引っ張る』ようなホームランを打ちたいんです。掛布さんは左手をどうやって強化したんですか？」

「僕は右投げ左打ちだけど、箸を左で持ったりして子どもの頃から左腕を使う感性があった。だから、プロ入り時の握力が両方73キロで変わらなかった。日常の生活やトレーニングで意識的に左腕強化に取り組んでみたらどうだい」

翌年、松井がヤンキー・スタジアムで左中間にホームランを打ったあと、「あれ見てくれましたか？」と高揚した口調だったのが思い出深い。

かつて金本知憲（広島→阪神）も通算350本塁打をマークしたとき、「同じ右投げ左打ちの掛布さんの349本塁打を超える夢がかなった」とうれしげな表情を見せた。

大谷翔平が強化した「押し込む力」

だが、そんな時代も今は昔。最近の科学的トレーニング環境の日進月歩ぶりは目を見張るものがある。僕が二軍監督を務めていた２０１７年頃、体重計ひとつを取っても、乗っただけで太ももの周囲まで瞬時に計測できた。あれから数年、さらなる進化は明らかだ。

僕が言わんとすることは、体作りにおいて「右投げ左打ち」選手の「押し込む力」が、野球界においてかなり強化されているということだ。

メジャーの大谷翔平を見ても、２０２０年までは左中間に放った打球が伸びたときはスタンドインしていた。それが２０２１年はレッドソックスの本拠地フェンウェイ・パークの高さ11メートルのレフトフェンス、通称グリーン・モンスターを力強く越えたかと思えば、強引にライトに引っ張る。そもそも、日本人がメジャーのホームランダービーのトップを争う時代の到来は夢にも思わなかった。

大谷は日本人としては大柄な１９３センチ・95キロだが、メジャーリーガーの中では決して大柄とはいえない。しかも、日本人本来のパワー自体は劣るはずだ。それだけにウエイトトレーニングなどによって、左腕の「押し込む力」が強化されていることは想像に難くない。

さらに科学的データの活用だ。投手のリリースポイントや回転数、打球の速度や角度を計測できる弾道測定器「トラックマン」を使用したデータ収集や、「フライボール革命」が浸透しているのはいまさら言うに及ばない。

翻って佐藤である。佐藤は現時点でも左腕の使い方がうまい。スイングスピードが速くて強い。クルマでたとえるなら、さらに排気量を上げていくこと（ウエイトトレーニング）は絶対必要だ。ただしそのぶん、ドライバーのテクニック（打者のバット操作）が求められる。

余分な筋肉をつけると、三角筋に無意識に力が入った際に腕が勝手に上がってしまい、バットの軌道は自分が思うところより高くなってしまうそうだ。

筋肉は重いので、大きくなりすぎるとキレがなくなる。そのあたりのバランスの取り方は、優秀な阪神のトレーナーが控えているので心配は無用だろう。

三振を減らして「四球＋安打＝200」をめざせ

歴代ミスター・タイガースのシーズン最多三振（太字はリーグ最高）

	年	試合	三振	安打	四球	打率	本塁打	打点
藤村富美男	1953	**130**	51	135	60	.294	**27**	**98**
田淵幸一	1969	117	98	81	42	.226	22	56
掛布雅之	1978	129	86	148	63	.318	32	102

江夏豊さんが佐藤のことを次のように指摘していた。まさにそのとおりだと思う。

「どんなに三振を食らおうが、打者でいちばん大事な『バットを振る』という姿勢が素晴らしい。投手は『投げる腕を振る』、打者は『バットを振る』のがいちばんだ。あとは今後、責任ある打順を任せられ、三振を減らしていくことが、彼がスターにのし上がるための階段だ」

「ボール球の見極め」ができるようになれば、自然と三振が減り、四球が増えていく。やはり先述した「四球＋安打＝200」をひとつの目標としたい。

それに三振が多くても、好成績を残した打者は過去存在する。

プロ野球界では「新人はむやみにいじるな」という慣習があるが、

三振が多くても好成績を収めた主な打者（太字はリーグ最高）

年			試合	安打	四球	打率	本塁打	打点	三振
1993	ブライアント	近鉄	127	125	46	.252	**42**	**107**	**204**
2004	岩村明憲	ヤクルト	**138**	160	70	.300	44	103	**173**
2015	中村剛也	西武	139	145	68	.278	**37**	**124**	**172**
2017	柳田悠岐	ソフトバンク	130	139	**89**	.310	31	99	123
2019	村上宗隆	ヤクルト	**143**	118	74	.231	36	96	**184**

矢野燿大監督も「小さく育てたくない」という気持ちが大きいと思う。

２０１９年の村上宗隆（ヤクルト）が好例だ。プロ２年目、リーグ三振記録を作っても全１４３試合に出場させた。その経験値があって、規定打席到達打者最低30位の打率・２３１が、翌２０２０年は全試合出場でリーグ５位の打率・３０７と急成長した。

あとは、将来的にどこを守るのかというポジションの問題だ。

右翼手でこれだけ打っていて、守備からバッティングに入るリズムを覚えつつあるが、佐藤はサードの守備も非常に魅力がある。

大山悠輔や外国人選手との兼ね合いもあるし、チーム事情もあるからこればかりはなんともいえないが、三塁手にコンバートするのであれば2022年以降、早い段階のほうがいい。本人もサードを守りたいという気持ちを持ってプロに入ったと思う。

巨人のONではないが、スター選手には内野の一塁・三塁を守らせるという観点もある。内野のほうが野球のリズムをつかみやすいという利点もあるだろう。

自分でカウントを作るべし

佐藤は、自分が感じて変えることもあるし、周囲の打者を参考にしていることもあるだろう。たとえば、オールスターゲームで柳田悠岐（ソフトバンク）の打席を間近で見て感じたこともあるだろうし、何かアドバイスを受けているかもしれない。

柳田というと、2015年に三浦大輔（DeNA）からの一撃が、横浜スタジアムのバックスクリーンを破壊したシーンはいまも鮮明に思い浮かぶ。

強く振る柳田は三振も多いが、本塁打も四球も多くて、何より打率を残せる。2015年、18年と首位打者に2度輝いている。

そういえば、その7月17日のオールスターゲーム。2段モーションの左腕からストレート、スライダー、チェンジアップ、カーブを繰り出す宮城大弥（オリックス）との対戦。3月20日のオープン戦では緩急を駆使されて、佐藤はいいようにあしらわれたが、オールスターゲームではストレートをレフトに本塁打を放ち雪辱を果たした。

森下暢仁（広島）や宮城の「緩急」への対応に見るように、佐藤はもともと変化球打ちがうまいところにきて、さらに著しい進化が見られる。

バッティングにおいて、「完璧に打つ」ことは難しい。

ストレートを待って、ストレートを完璧に打つことはできる。

変化球を待って、変化球を完璧に打つこともできる。

変化球を待って、ストレートを打ちにいけば、少し差し込まれる。

ストレートを待って、変化球を打ちにいくには、打撃フォームを少し崩す。

崩されるのではなく、変化球を打つために自分で崩す。これがいちばんいいフォームだ。「自分から崩れる」ことをわかりだしている。これも「修正」「対応」の延長線上にある。

8月13日に再開したペナントレース後半戦で、佐藤は立て続けに3本塁打した。田淵さんの球団新人本塁打記録を52年ぶりに更新する記念すべき23号は、8月19日に三嶋一輝（DeNA）から。このホームランも素晴らしかった。三嶋は内角を狙ったが、シュート回転して「逆球」となった外角低めだ。

佐藤は当初の内角球に対応するために、腕をたたんでインサイドアウトでバットを出し、外角球になった投球をそのまま押し込んでレフトスタンドに持っていった。バットが遠回りする「アウトサイドイン」だったら、到底対応できていない。

失投だが、それを打ち損じないで見事に一球で仕留めた。同じホームランを打つにしても、シーズン当初と比較して内容が進化を遂げている。

今後、投手のウイニングショットを打たなくてはいけない場面が出てくる。バッテリーにカウントを作られるのではなく、「自分でカウントを作れる打者」をめざしてほしい。

投手がもう投げる球種がなくなって、「打者が待っているだろう球種を一か八か投げざるを得ない状況を作って仕留める」という勝負だ。

ボールーストライクのカウントは12種類ある。2021年、佐藤が本塁打を放った最多のカウントは「1－1」の8本だが、「0－2」2本、「1－2」7本、「2－2」2本と、2ストライクに追い込まれながら、実に約半分の11本塁打を叩き出している。

球団スコアラーが「投手の球種」「バッテリーの配球」のデータをたくさん持っているし、佐藤が試合中にノートに何かメモしている姿を見たことがある。双方の中身がイコールになっていくと、さらに自然と本塁打数も伸びていく。

同じく「走者なし」の場面が16本だが、すでに満塁本塁打をマークしているように、走者を置いた場面での本塁打も今後増えていくだろう。

バースのように三冠王を獲れる

2021年シーズン、佐藤は126試合に出場し、球団新人本塁打記録の24本、10

1安打で打率は・238だった。プロ1年目の野球だと考えたら、もう合格点をあげていい。

ここから打率を上げていくには、積極的なボールの見極めが大切だ。バットのヘッドをうまく使い、打ちにいってもボールになるきわどい球を見極め、四球を選ぶ。打っても安打にならない難しい球には手を出さず、安打になる確率の高い球を見逃さずに打つ。しかし、これはいちばん難しい。これができるようになると、ホームランだけを打つバッターではなくなる。そうすれば、相手のピッチャーからすると非常に怖い、嫌な打者になれるだろう。

佐藤はそういう安打が増えてきた。打率3割がひとつの成功だと考えた場合、7割の失敗の内容がよくなってきた。失敗と成功のギャップが埋まってきているのだ。

「3割の成功」と「7割の失敗」と言ったが、成功と失敗にギャップがある打者は、結局は3割を打てない。成功と失敗のギャップがない打者が本当の「3割打者」なのだ。

8月29日、佐藤は24打席ノーヒットでスタメン落ちした。誰もが一度は経験する、決して避けては通れない道だ。いろいろ心配もされるだろうが、ここまで数字を伸ばしてきた佐藤が、2022年以降さらにどうやって対応していくのか、僕には楽しみしかない。

佐藤は、将来「5代目ミスター・タイガース」になれる。僕がどうこう言わなくても、続けることによって自然にそうなっていくだろう。バースのような三冠王を獲れる打者になる。現在はその過程である。

佐藤輝明を絶賛するコメント集

松井秀喜（元・ヤンキース）

「（元阪神）掛布雅之さんの再来。私はそういう気持ちで見ています（中略）素晴らしい選手が入ってきました。阪神ファンは大喜びでしょう。ファンにも愛され、なおかつホームランを打てる選手になってほしい」

「ボールを長く見ることを意識しようとしているんじゃないかなと思います。（でもボールを長く見ると一般的には）『詰まる』ことになり、バッターは普通は嫌がるのですが、佐藤選手は嫌がっていないと思います」

（日テレNEWS24、２０２１年４月19日）

中畑清（元・DeNA監督）

「持ってるなあ。阪神の佐藤輝。初めて４番に抜てきされた２日の広島戦で逆転満塁弾だよ。低めのチェンジアップ。ストライクゾーンに来る変化球なら何でも対応できるんだ。凄いよ。球史を変える可能性のある打者。だからこそ気になることがある。両リーグ最多の44三振。ボール球に手を出しすぎのところがあるんだよね。

１９９３年、巨人に入団したばかりの松井秀喜を思い出す。今の佐藤輝のように右足を上げて打っていた」

（スポニチSponichi Annex、２０２１年５月４日）

清原和博（元・西武）

「（佐藤選手は）春先まで大学生ですよ。まだ5月中旬ですよ。そこでホームラン10本近く打たれて、プロのピッチャーは一体何しとんねん！　あそこまで打たれたら、やっぱりプロ舐められますよ」

「（ヤクルト・石川雅規投手について）彼はストレート130ちょっとしか出ないですよ、それとスクリューボールとスライダー、フォーク。それで見事に佐藤選手を三振とった。そういう（球の投げわけが上手な）所を見習ってほしい」

（THE DIGEST、2021年5月22日）

「（清原氏の持つ新人最多本塁打記録31本について）確実に僕の記録は抜くと思う（中略）自分は18歳の子どもだったが、佐藤選手は仕上がっている。日本のプロ野球界でもトップクラスじゃないか。筋肉の付き方やスピードなど」

「甲子園は浜風がきつい。東京ドームなら楽に40本打てると思う（中略）掛布さんやバースのように左中間へ打てば、甲子園で逆方向へ打てるように大きく気持ちを持てば、打率も上がるし三振も減る」

（日刊スポーツ、2021年7月10日）

原辰徳（巨人監督）

「新人らしからぬというんでしょうか。物おじしない（中略）野球界の長い歴史の中でも非常に個性的な選手が入ってきたな、と見ております」

「（オールスターゲームでは）パ・リーグに負けないぐらいのパワーヒッターが、そろうのではないか」

（デイリースポーツonline、２０２１年5月29日）

堀内恒夫（元・巨人監督）

「大学とプロではピッチャーのボールが違う。正直、もうちょっと変化球に苦しむかなって思っていたけどいい方向に予想が外れた（笑）」

「まず、何が良いってフルスイングできるところ。三振が多いと言われているけれど彼にはホームランを求められているわけだからまずはフルスイング。それでいいと俺は思うよ」

（中スポ、２０２１年6月1日）

秋山幸二（元・ソフトバンク監督）

「5月28日の西武戦で1試合3本塁打を放った時の映像も見た。どれも驚きだったが、特に1本目の先制ソロには目を見張った。高橋のフォークボールに体を泳がされながらも、バックスクリーンまで持っていった。ホークスの柳田が時折見せる打撃をルーキーがやっている。ホームラン打者として、こう打てば遠くに飛ばせるという感覚が体に染みついているのだろう。

（中略）右投手なら、彼の内角に入っていく球をどれだけ的確に投げきれるかがポイントになる。こういう球をホームランにするには、かなり難しい。そこに落ちる球を織り交ぜていけばいいのではないか。逆に言えば、内角に突っ込める球がない左投手の方が、打ち取るのは難しいかもしれない」

（西日本スポーツ、2021年6月1日）

広岡達朗（元・西武監督）

「驚いたのは阪神の佐藤輝明だ。大山悠輔の欠場中サードに入った彼は、回転のいいボールを一塁へ矢のように放っていた。あんな選手はいない」

（週刊ベースボールONLINE、2021年6月3日）

工藤公康（ソフトバンク監督）

「見ましたよ、西武戦の3発。すごいね。少し泳ぎ気味でも入ったりするし、うちでいえば柳田みたいなもんですかね（中略）どこの球団もインサイドを攻めているね。うちもせざるを得ない。外だから入らないという打者でもない。ある程度突っ込んでいかないといけない」

（西日本スポーツ、2021年6月4日）

中村紀洋（元・近鉄）

「何でもかんでもフルスイングというわけではない。僕のフルスイングはいろんなデータを基にした準備があったからこそ可能だった。だからこそ自信を持って振っていけるという、意味のあるフルスイングやからね（中略）そうやって自分でも考えたから、あれだけの根拠のあるフルスイングができたんだと思う」

「それにしてもいいバッターやね。今年30発は打つでしょうね」

（東スポWeb、2021年6月4日）

江川卓(元・巨人)

「落合博満さん以来の名バッターになると確信した。実は田中投手（楽天）の内角のスライダーに対して打球が詰まっている。詰まったんですが、体をひねる回転スピードが規格外なのでホームランにできる。詰まった打球をホームランにできるのは落合さんしかいない。あまりにも凄い」

（日テレNEWS24、２０２１年６月13日）

岡田彰布(元・阪神監督)

「きょう（6月20日）のホームランを見ても、あの打ち方で入ってしまうんやからな。決していい打ち方とは言えない中でも、スタンドまで飛ばしてまうんやから。これはもう持ってる能力が違うんよ。だから佐藤輝のことを他の人間が（フォームや打ち方を）どうこう言うのは違うと思う」

「一つだけ言えるとすれば、そんなに振らなくてもスタンドに運べるということを分かってほしいな。初球から何でもフルスイングするのではなく、昨日、きょうの感覚で打席に立てればな。あれでホームランになるんやから。そしたらもっと増えると思うよ」

（デイリースポーツonline、2021年6月20日）

田淵幸一（元・阪神）

「（田淵氏の持つ球団新人最多本塁打記録22本について）すぐに並ばれるとは思っていた。私とは右左も、ポジションも打者のタイプも違うけど、ずっと注目していた。大したもの。まだ55試合も残っている。35本、40本をめざしてほしい」

（東スポWeb、2021年8月18日）

阪神の歴代四番打者一覧（太字は300試合以上）

		試合	打数	安打	本塁打	打点	打率	初出場年
1	松木謙治郎	56	206	45	1	25	.218	1936
2	景浦将	226	821	226	17	164	.275	1936
3	**藤村富美男**	1070	4141	1288	194	874	.311	1936
4	小島利男	32	120	30	0	19	.250	1936
5	山口政信	48	166	33	2	28	.199	1937
6	田中義雄	53	192	43	0	15	.224	1937
7	門前真佐人	56	211	49	4	33	.232	1937
8	富松信彦	15	49	11	0	6	.224	1939
9	岡田宗芳	1	3	0	0	1	.000	1940
10	伊賀上良平	40	143	36	0	14	.252	1940
11	本堂保次	77	314	94	3	60	.299	1940
12	堀尾文人	19	73	13	2	9	.178	1941
13	土井垣武	162	611	157	3	57	.257	1941
14	松尾五郎	2	8	2	0	1	.250	1941
15	松下繁二	11	41	7	0	2	.171	1941
16	御園生崇男	2	6	1	0	0	.167	1941
17	藤井勇	12	50	8	1	6	.160	1942
18	玉置玉一	14	52	13	0	5	.250	1943
19	別当薫	6	25	7	2	6	.280	1949
20	渡辺博之	47	173	47	0	31	.272	1951
21	田宮謙次郎	271	977	308	24	124	.315	1954
22	谷田比呂美	20	56	14	2	11	.250	1955
23	後藤次男	16	45	11	0	6	.244	1955
24	三宅秀史	70	249	63	7	21	.253	1956
25	真田重蔵	5	14	2	0	0	.143	1956
26	大津淳	59	222	58	3	34	.261	1956
27	西山和良	2	6	1	0	0	.167	1957
28	横山光次	30	105	23	1	11	.219	1958
29	**藤本勝巳**	518	1868	496	65	268	.266	1958
30	並木輝男	41	143	26	0	8	.182	1958

		試合	打数	安打	本塁打	打点	打率	初出場年
31	**遠井吾郎**	525	1842	508	56	247	.276	1960
32	ソロムコ	27	95	24	4	12	.253	1961
33	滝田政治	1	2	0	0	0	.000	1962
34	室山皓之助	1	3	0	0	0	.000	1963
35	石田博三	1	3	0	0	0	.000	1963
36	藤井栄治	35	131	35	1	10	.267	1963
37	山内一弘	252	910	226	46	143	.248	1964
38	富恵一	1	3	0	0	1	.000	1964
39	クレス	3	8	2	0	0	.250	1967
40	和田徹	18	58	9	1	4	.155	1967
41	カークランド	193	725	185	46	112	.255	1968
42	バレンタイン	65	243	64	8	30	.263	1970
43	**田淵幸一**	812	2847	778	248	577	.273	1970
44	藤田平	18	63	17	2	9	.270	1971
45	山尾孝雄	7	25	9	1	4	.360	1971
46	後藤和昭	1	1	0	0	0	.000	1971
47	池田祥浩	1	4	0	0	0	.000	1971
48	テーラー	4	17	6	0	0	.353	1974
49	アルトマン	6	24	6	0	1	.250	1975
50	ブリーデン	14	51	13	4	4	.255	1976
51	ラインバック	205	737	231	36	122	.313	1976
52	**掛布雅之**	800	2898	840	188	553	.290	1977
53	竹之内雅史	40	147	31	5	23	.211	1979
54	スタントン	25	100	21	5	13	.210	1979
55	真弓明信	13	50	8	0	3	.160	1979
56	川藤幸三	1	4	1	0	0	.250	1980
57	佐野仙好	2	8	2	0	0	.250	1980
58	オルト	31	105	31	7	18	.295	1981
59	**岡田彰布**	316	1157	289	52	176	.250	1984
60	バース	92	330	114	31	64	.345	1986

		試合	打数	安打	本塁打	打点	打率	初出場年
61	柏原純一	1	4	1	0	0	.250	1986
62	フィルダー	73	262	73	27	54	.279	1989
63	パリッシュ	69	261	64	21	58	.245	1990
64	田尾安志	1	5	2	0	0	.400	1990
65	**オマリー**	387	1364	433	57	247	.317	1991
66	八木裕	41	153	35	0	18	.229	1991
67	パチョレック	86	343	106	13	55	.309	1992
68	松永浩美	1	3	1	0	0	.333	1993
69	新庄剛志	142	560	146	28	87	.261	1993
70	石嶺和彦	25	87	19	4	12	.218	1994
71	グレン	117	447	118	23	76	.264	1995
72	クールボー	14	48	9	0	4	.188	1995
73	**桧山進次郎**	301	1129	286	37	168	.253	1995
74	平塚克洋	79	293	84	7	34	.287	1996
75	マース	45	172	43	6	31	.250	1996
76	ハイアット	7	30	6	0	2	.200	1997
77	パウエル	23	80	19	2	8	.238	1998
78	大豊泰昭	74	279	79	21	56	.283	1998
79	ブロワーズ	66	243	62	9	41	.255	1999
80	ジョンソン	16	58	8	0	4	.138	1999
81	広澤克実	38	124	36	6	22	.290	2000
82	タラスコ	7	29	2	1	2	.069	2000
83	クルーズ	57	208	45	11	29	.216	2001
84	ペレス	6	22	5	0	1	.227	2001
85	濱中おさむ	67	258	73	13	62	.283	2001
86	アリアス	82	324	80	15	42	.247	2002
87	ホワイト	14	53	12	2	5	.226	2002
88	片岡篤史	12	42	12	0	10	.286	2002
89	**金本知憲**	921	3430	1002	187	655	.292	2003
90	**新井貴浩**	318	1245	348	36	218	.280	2010

		試合	打数	安打	本塁打	打点	打率	初出場年
91	マートン	120	474	145	14	69	.306	2011
92	関本賢太郎	2	5	1	0	1	.200	2011
93	新井良太	54	206	53	5	19	.257	2012
94	鳥谷敬	26	92	30	2	16	.326	2013
95	**ゴメス**	306	1129	312	45	191	.276	2014
96	福留孝介	218	775	226	22	105	.292	2015
97	原口文仁	9	33	7	0	0	.212	2016
98	中谷将大	7	23	7	1	3	.304	2017
99	糸井嘉男	76	267	81	8	46	.303	2017
100	ロジャース	27	95	22	2	14	.232	2017
101	大山悠輔	290	1133	292	45	177	.258	2017
102	ロサリオ	38	148	34	4	21	.230	2018
103	陽川尚将	10	38	5	0	3	.132	2018
104	マルテ	78	263	65	9	32	.247	2019
105	ボーア	2	8	0	0	0	.000	2020
106	サンズ	49	169	41	9	28	.243	2020
107	佐藤輝明	11	42	12	2	12	.286	2021

（現役選手は2021年時点）

著者略歴

掛布雅之《かけふまさゆき》

一九五五年、千葉県出身。習志野高校卒業。七三年、ドラフト6位で阪神タイガース入団。本塁打王3回、打点王1回、ベストナイン7回、ダイヤモンドグラブ賞6回、オールスターゲーム10年連続出場などの成績を残し、「ミスター・タイガース」（4代目）と呼ばれる。八五年には不動の四番打者として球団初の日本一に貢献。八八年に現役を引退。阪神タイガースGM付育成&打撃コーディネーター、二軍監督、オーナー付シニア・エグゼクティブ・アドバイザーを経て、二〇二〇年、HANSHIN LEGEND TELLERに就任。著書に『巨人－阪神論』（江川卓氏との共著）、『若虎よ！』（ともに角川oneテーマ21）、『4番打者論』（宝島社新書）、『「新・ミスタータイガース」の作り方』（徳間書店）などがある。

幻冬舎新書 640

阪神・四番の条件
タイガースはなぜ優勝できないのか

二〇二一年十二月十日　第一刷発行

著者　掛布雅之
発行人　志儀保博
編集人　小木田順子
編集者　小林駿介
発行所　株式会社　幻冬舎
〒一五一−〇〇五一　東京都渋谷区千駄ヶ谷四−九−七
電話　〇三−五四一一−六二一一（編集）
〇三−五四一一−六二二二（営業）
振替　〇〇一二〇−八−七六七六四三
ブックデザイン　鈴木成一デザイン室
印刷・製本所　株式会社　光邦

Printed in Japan　ISBN978-4-344-98642-8 C0295
か-30-1
幻冬舎ホームページアドレス https://www.gentosha.co.jp/
＊この本に関するご意見・ご感想をメールでお寄せいただく場合は、comment@gentosha.co.jp まで。

幻冬舎新書

田口壮

プロ野球・二軍の謎

這い上がるか、クビか――。調整中のベテランと新人選手が入り交じり、「プロの厳しさ」を肉体的・精神的に学ぶ「二軍のリアル」を日米の野球界を知る現役監督が解説。野球ファン必読の書。

王貞治　岡田武史

人生で本当に大切なこと

壁にぶつかっている君たちへ

野球とサッカーで日本を代表する二人は困難をいかに乗り越えてきたのか。「成長のため怒りや悔しさを抑えるな」など、プレッシャーに打ち克ち、結果を残してきた裏に共通する信念を紹介。

井口資仁

二塁手論

現代野球で最も複雑で難しいポジション

見栄えに拘っているうちは一流にはなれない。視点を変えて目標を細分化し、地味な結果をひとつひとつ積み上げていくことが、実は成功への最短距離なのだ。目から鱗の成功バイブル！

岡田彰布

動くが負け

0勝144敗から考える監督論

決して自分から先には仕掛けず、相手の作戦を察知してから采配を振るう。勝つためには常に最悪の展開を想定し、「完璧な準備」をしておけばいい。マイナス思考でプラスの結果を引き出す、究極の戦術。